믿음의 상속자

# 엄마와 딸의 이야기

# 추천사

'믿음의 상속자 엄마와 딸의 이야기'를 읽어 내려가는 동안 입가에 잔잔한 미소가 번지게 됩니다. 처음에는 하나님 안에서 가족을 향한 진정한 사랑의 마음을 확인할 수가 있었고 다음으로 그 사랑이 영혼을 향한 사랑으로 확대되어 선교사적 삶으로 살아가는 모습을 보면서 감동과 은혜가 넘치는 것을 느낄 수 있었습니다.

이 책의 저자이신 이금순 권사님의 삶은 언제나 영혼 구원에 모든 관심이 집중되어 있었고, 가는 곳마다, 만나는 사람마다 복음을 전하는 전도자의 삶이었습니다. 이렇게 귀한 삶을 살아오신 권사님께서 인생의 여정을 녹여 집필하신 이번 간증집은 많은 분께 도전과 감동을 선물해 줄 것입니다.

더불어 이 책은 중요한 한 가지 이야기를 담고 있습니다. 그것은 바로 부모가 자녀에게 신앙의 유산을 전해주고 있다는 것입니다. 본인의 삶뿐만 아니라, 현대를 살고, 다음세대를 살아가야 하는 자녀들에게도 좋은 길잡이가 될 것이 분명하기에 부모가 읽고, 자녀에게 선물하고, 자녀가 읽고, 부모에게 선물하여 가족 모두가 함께 이 책을 읽어보기를 권합니다.

이 책을 읽으시는 모든 분이 이 시대 가운데 삶 속에서 복음을 전하는 선교사적 삶이 무엇인가를 깨닫고 각자의 삶의 자리에서 하나님께서 기뻐하시는 선교사로 살아가기를 바라며 이 책을 추천합니다.

**황덕영 목사**(새중앙교회 담임)


이금순 권사님은 예수를 믿고 구원받은 기쁨이 늘 마음에 충만하신 분이십니다. 그 기쁨을 누를 수 없어서 항상 웃으시면서 믿음의 사람들에게 그 기쁨의 향기를 나타내시며 살으셨습니다. 저와는 오랫동안 새중앙전도학교에서 복음 전도자로 함께 했습니다. 권사님은 구원의 기쁨을 숨길 수가 없어서 구원받지 못한 영혼들에게 다가가 믿음을 갖게 하려고 항상 뜨거운 열정을 쏟으셨습니다. 이렇게 귀하신 권사님이 평생 받은 은혜를 간증집을 통해 많은 사람들과 나눌 수 있게 되어 기쁩니다. 많은 분들이 이 책을 통하여 은혜받았으면 좋겠습니다. 특히 믿음이 없는 영혼들이 구원 받는 기회가 되기를 간절히 소망하며 추천의 글을 드립니다.

**김효곤 목사**(전천후 전도훈련원 원장)

이금순 권사님이 이렇게 귀한 간증집을 출판하게 되어 너무 기쁩니다. 저는 서울에서 초등학교 교사로 35년간 재직하다가 퇴직 후 평촌으로 이사 오면서 새중앙교회를 만나게 되었습니다. 새중앙교회에서 구역장, 헌금위원, 유년3부 부장으로 열심히 섬겼습니다. 이금순 권사님을 만나게 된 것은 2006년 3권사회 회장을 맡을 때였습니다. 그때 이금순 권사님은 부회장으로 섬기며 신앙의 동반자로 동역하며 참 행복했습니다.

권사님은 보험회사를 다니면서 교회에서 많은 봉사를 했습니다. 특히 안내위원을 할 때 예쁜 모시옷 입고 성도님들을 맞이하는 모습은 마치 천사 같았습니다. 권사님과 함께 하는 시간은 하루하루가 정말 행복했습니다.

하나님은 우리의 기도를 들어 주시고 역사하시며 삶의 모든 것을 책임져 주시는 분이십니다. 권사님의 간증집은 이러한 삶 속에서 하나님께서 역사하신 상황들이 모두 묻어나 있습니다. 권사님을 축복하며 이책을 추천합니다.

**김해순**(새중앙교회 권사)

은주엘 집사와의 첫 만남, 풋풋하고 상큼 발랄한 예쁜 아가씨가 저의 샵 문을 열고 들어왔습니다. 사실 그때 만남의 축복을 달라고 기도하는 중이었습니다. 집사님도 여기에 오게 된 간증을 쏟아냈었습니다. 하나님의 인도하심으로 오게 되었다고. 하나님은 실수하지 않으시는 분이시라고. 하나님의 시간표 속에 정확한 만남이 이루어졌다고 고백했습니다.

　집사님과 함께 한 시간은 매일 말씀과 기도 그리고 전도의 삶을 나누는 시간이었습니다.

　어느덧 집사님은 어머니의 믿음의 유산을 받아 믿음의 상속자가 되었습니다. 눈에 보이는 없어질 유산이 아닌 영원한 것을 남기고자 하는 하나님의 뜻 받들었습니다. 그리고 또 다른 세상을 향하여 선포하고 있습니다.

　네 어린양을 먹이라.
　네 양을 치라.

　주님의 사명을 가슴에 품는 은주엘 집사님에게 하나님은 큰 비전을 보여주시고 이루어 주시리라 믿습니다.

김시영

## 프롤로그

　하나님께서 신령과 진정으로 드리는 거룩한 산 제사만을 기쁘게 받으시며 정성을 다해 제사드리는 자에게는 그 마음의 소원까지도 이루시는 줄 믿습니다. 저희 모녀에게 부어 주신 하나님의 은혜에 찬양드립니다. 하나님은 우리 가정에 헤아릴 수 없는 큰 사랑을 주셔서 구원을 주셨습니다. 힘들고 어려운 인생이었지만 삼위일체 하나님께서는 늘 우리와 함께하셨고, 먼저 받은 주님의 사랑을 증거하게 하셨습니다.

　엄마가 고난 가운데 있을 때 하나님은 함께하셨고, 내가 고난의 터널을 지나며 자살의 충동을 느낄 때도 하나님은 저에게 기도하게 하셨습니다. 하나님께 간구하여 통곡하며 살려달라 애원하며 주님께 엎드렸을 때 주님은 우리 모녀에게 살아계신 하나님을 보여 주셨습니다.

　엄마와 나에게 기도는 늘 안식처였고, 응답하시는 주님을 만나게 하셨습니다. 응답하시는 하나님을 만났을 때 기쁨이 차올랐고, 우리는 성령 충만함으로 주님의 일을 하였습니다. 주님의 증인으로 살아가는 것이 너무나 행복했습니다. 혈루증을 앓던 여인은 야이로의 딸이 죽어갈 때 야이로의 집을 가시는 군중 속에서 예수님을 만나 치유를 받았습니다.

하나님은 시공간을 초월하시는 분이시기 때문에 먼저 간구한 것이나 나중에 간구한 것이나 주님의 때에 응답하시는 하나님을 경험했습니다. 예수 그리스도의 이름만을 높이는 인생을 살게 하셔서 하나님께 영광과 감사의 찬송을 올려 드립니다.

부족한 자의 글을 엮어 책으로 나올 수 있도록 인도하신 하나님께 감사드리고, 이 책을 통해 어려운 가운데 살아가는 성도가 있다면 작은 위로가 될 수 있기를 기도합니다.

**2024년 5월 사랑하는 엄마와 함께**

# 차례

# 첫째, 엄마 이야기

엄마_ 이금순

믿음은 바라는 것들의 실상이요 보이지 않는 것들의 증거니
선진들이 이로써 증거를 얻었느니라
믿음으로 모든 세계가 하나님의 말씀으로 지어진 줄을 우리가 아나니
보이는 것은 나타난 것으로 말미암아 된 것이 아니니라

히브리서 11장 1-3

# 1장

# 늘 나와 가까이 있었던 교회

# 시골교회를 다닐 때가 좋았는데

초등학교 3학년 때쯤이었을 거예요. 교회가 있는 구동리는 우리 집에서 십 리나 떨어진 꽤 먼 곳이었어요. 제가 교회를 나가게 된 것은 친구 따라 강남 간다는 말처럼 친구를 통해서였어요. 크리스마스 때에 친구 따라 교회에 가면 떡도 얻어먹고, 미군들이 주는 초콜릿도 먹을 수 있었어요. 그때는 무엇이든 귀한 때여서 공짜로 받는다는 것이 너무 좋고 재미있었어요. 그때 교회에서 작은 신약성경을 받았어요. 친구 따라 나가게 된 교회가 조금씩 평안하고 뭔가 좋은 느낌을 주더라고요. 그렇게 나가게 된 교회는 한 가지 흠이 있었는데 거리가 너무 멀다는 거였어요. 교회에 있을 때는 마냥 신나고 좋았지만, 집에서 교회 갈 생각을 하면 언제나 가나 하는 생각에 핑계를 대고 안가기도 했지요. 그래도 무슨 행사가 있다고 하면 빠지지 않고 갔었습니다. 지금도 내가 살던 시골의 교회를 생각하면 공연히 입가에 주름이 잡힙니다. 그때는 신앙도 없었는데 왜 그렇게 교회가 좋았는지, 어릴 때 내 마음에 담겨있던 교회는 커가면서 마음속에서 신앙의 문이 자연스럽게 열리는 기회가 된 것 같아요.

어릴 때 교회에 가면 미군들을 많이 볼 수 있었어요. 순수한 마음에 미군들이 멋지고 좋아 보였어요. 그래서 그랬는지 저의 마음 속에서 언젠가 나도 여군이 되리라는 생각을 품고 꿈을 꾸게 되었어요. 그 당시 고등학교를 졸업하면 여군이 될 수 있었어요. 그런데 집안 형편이 어려워지기 시작하면서 어릴 때부터 꾸었던 꿈은 나에게서 점점 멀어져만 갔습니다.

일본의 화폐개혁으로 현재 사용되고 있는 일본 돈이 가치가 없어져 버리고 우리 집이 가지고 있던 한 궤짝의 일본 엽전 꾸러미가 무용지물이 되어버리고 말았지요. 그로 인해 여군이 되고 싶었던 저의 꿈은 말 그대로 꿈으로만 남게 되었어요. 80세가 넘은 지금도 내가 만일 그때 집에서 넉넉하게 지원해 주었다면 여군이 되었을 텐데 하는 생각을 하게 됩니다. 가세는 점점 기울어 가면서 설상가상으로 아버지의 놀음으로 밭과 땅과 모두 날리고 우리 집에는 아무것도 남지 않게 되었어요. 어머니는 우리 칠 남매를 키우기 위해 광주리에 참외와 복숭아를 이고 시장에 나가서 파셨어요. 과일을 팔아 보리쌀을 들고 오실 때도 있었고, 돈을 가지고 오실 때도 있었어요. 오로지 어머니의 과일 행상에 우리 가정은 의존했었습니다. 참으로 힘들고 어려운 시절이었지요. 그렇게 형편이 어렵고 힘든 중에도 우리 집에는 늘 동네 사람들로 북적였습니다. 할아버지께서 흠이나 상처가 나 못 파는 과일들을 가져오셔서 동네 사람들을 모두 불러 모아 과일 잔치를 벌이곤 했기 때문이죠.

# 포기해야만 했던 여군의 꿈

어릴 때 교회에 가면 미군들이 많이 있었어요. 순수한 마음에 미군들이 멋지고 좋아 보였어요. 그래서 그런지 저의 마음에 언젠가는 나도 여군이 되리라는 마음을 품고 꿈을 꾸게 되었어요. 그래서 어떻게 하면 여군이 될 수 있을까 알아보기 시작했어요. 그때만 해도 고등학교만 졸업하면 여군이 될 수 있었어요.

그런데 집안 형편이 어려워지기 시작하여 어릴 때부터 꾸었던 여군의 꿈은 나에게서 점점 멀어져만 갔습니다. 원래 우리 집은 그렇게 어렵지는 않았는데 언제부턴가 집안이 어렵기 시작했어요. 그때 언젠가 일본 엔화를 화폐개혁 한다고 발표를 했던 것이 기억나요. 우리 집에 일본 돈이 많았던 것으로 기억이 납니다. 일본 엽전꾸러미가 한 궤짝 있었던 것을 보았어요. 그런데 그 돈들은 쓸 수가 없다는 거였어요. 그렇게 아무짝에도 쓸 수 없다는 것을 알면서도 일본 돈을 한동안 가지고 있었습니다. 결국 아버지는 어느 날 돈을 싼 보따리를 가지고 나

가서 불에 태웠던 기억이 나요. 그 엽전은 돈으로는 쓸 수 없었지만 엿을 사 먹을 수는 있었는데 말이에요. 제가 꿈꾸던 여군의 꿈은 말 그대로 꿈으로만 남게 되었어요. 80세가 넘은 지금도 내가 여군이 되었으면 멋진 모습이었을 텐데... 아쉬운 마음을 그려봅니다.

# 어려운 시절 이웃과 나눈 정

우리 가정은 점점 어려워졌어요. 설상가상으로 아버지가 놀음을 시작하여 많았던 밭과 땅도 모두 날리고 우리 집은 결국 아무것도 남지 않았어요. 어머니는 자식 칠남매를 키우기 위해 광주리에 참외와 복숭아를 이고 시장에 나가서 파셨어요. 과일을 팔아서 보리쌀을 가지고 들어오실 때도 있고, 돈을 가지고 올 때도 있었어요. 정말로 우리 집은 어려운 처지가 되고 말았습니다.

그런데 그렇게 형편이 어렵고 힘든 중에도 우리집은 늘 동네 사람들과 정을 나누면서 살았던 기억이 납니다. 가끔 할아버지가 참외 농사를 하고 나서 파지나 B품을 가지고 오셨어요. 참외를 바구니에 정리를 하여 동네사람을 모두 불러 먹이곤 했습니다. 지금 같으면 그런 B급 과일을 나누기는 어려웠을텐데 그땐 정으로 나누며 서로 고마워했습니다. 비록 여군이 되고 싶은 저의 마음은 조금씩 접어야 했지만, 그 시절을 생각하면 정겹고 하나님께 감사하게 됩니다.

# 일곱 명의 단짝 친구

어릴 때 동네 친구 일곱 명이 있었어요. 함께 교회도 다니고 늘 같이 어울려 다니며 웃고 떠들었던 친구들이에요. 그 중에 세 명은 지금도 하나님밖에 모르는 신앙 좋은 친구가 되어 있어요. 그때 일곱 명이 같이 교회를 다녔어도 신앙은 다 달랐던 것 같아요.

장안평에 사는 친구 이갑득은 신앙 좋은 남편을 만나 새벽기도를 매일 드리고, 구역장으로 섬기고 있다는 이야기를 들었어요. 신앙만으로 살아왔던 저의 모습을 보는 것 같아 고맙고 그 친구가 어떤 삶을 살고 있는지 그려집니다. 믿음으로 승리하며 살고 있는 그 친구를 생각하면 어릴 때 함께 교회 다녔던 것이 헛되지 않았구나 생각이 듭니다.

홍제동에 사는 친구 옥희는 어릴 때 어머니가 일찍 돌아가셔서 큰 엄마 집에서 살았던 것으로 기억해요. 어릴 때 어려운 환경에서 컸지만 서로 성경 읽기를 권면하면서 자랐던 것이 생각이 나요. 그 친구도 교회 안에서 믿음이 좋았던 친구였어요. 이렇게 우리는 어릴 때 교회를 다니며 우정도 믿음 안에서 키웠습니다. 저는 갑득이와 옥희에게 주님 안에서 굳건한 믿음을 지키며 주님 오시는 그날까지 건강하게 살자며 함께 기도하자고 말했습니다. 그리고 저는 요즘도 전화하면서 "우리는 꼭 천국에서 만나야 한다"라고 친구들에게 격려의 말을 합니다. 지금은 멀리 떨어져 살고 있지만 믿음을 지키며 잘살고 있는 친구가 대견스럽습니다. 이제는 나이가 들어서 서로가 사는 곳도 다르고 먼 거리에 있지만 한 번씩 만나서 예전에 교회 다니던 이야기와 믿음 생활을 나누다 보면 시간이 참 빠르게 흐르고 있구나 하는 생각이 듭니다.

# 남편의 반대로 힘들었던 신앙생활

　제가 결혼할 때는 결혼 적령기가 좀 빨랐던 것 같아요. 저는 22살에 결혼을 했으니까요. 저는 결혼을 하고 당연히 교회에 나갔어요. 어릴 때 다니던 교회가 저에게는 큰 추억이고 삶이었어요. 교회 다니는 것이 자연스럽고 결혼을 하면서도 당연히 가야하는 곳으로 생각했어요.

　결혼을 하고 나서 처음에 다닌 교회는 서천감리교회라는 곳이었어요. 그 교회에 나가게 된 것은 집주인이 그 교회 재정 집사님이었어요. 서천에서의 교회생활은 너무 행복했어요. 저의 삶에 활력을 주었고, 힘든 생활을 이겨내는데 하나님께서 큰 힘을 주셨어요. 하나님께서 은혜로 살게 하셔서 신앙생활을 참 재미있게 했어요. 그래서 주인 집 집사님을 만난 것이 너무 감사했어요.

　즐겁게 교회생활을 하던 중 힘든 일이 생기기 시작했어요. 남편의 반대가 조금씩 심해지기 시작했어요. 그때 남편은 사업을 시작했는데 저도 남편 사업을 돕고 있었어요. 남편은 저에게 직원들을 잘 챙겨주기를 바랐어요. 사실 제가 직원들을 잘 챙기지 않았던 것은 아니었어요. 남편은 제가 교회 중심으로 살아가는 것이 불만이었던 것이었어요. 저는 한 주에 한 번 교회에 가기 위해 직원들을 정말 마음으로 섬겼는데 교회만 가려고 하면 반대가 시작되었어요. 남편의 반대는 제가 교회 중심으로 하나님을 너무 좋아하다보니 그냥 마음에 안 들었던 것이에요.

어느 날 교회를 가려고 하는데 성경책이 없는 것이에요. 알고 보니 남편이 아궁이에 성경책을 넣어 불살라 버린 것이었어요. 이처럼 크고 작은 반대를 무릅쓰고서도 저의 교회생활은 계속되었습니다. 그 이후에도 남편은 교회를 못 가게 하려고 두 번이나 성경책을 불살랐어요. 그리고 막말도 서슴지 않았어요. "교회에만 미쳤다"고 점점 핍박이 심해지기 시작했어요. 이런 핍박 속에서도 교회는 나의 안식처였고 신앙이며 쉼의 공간이었습니다. 교회가 없었다면 어려운 시험을 이기지 못했을 거예요.

# 교회를 찾기 어려웠던 서울 생활

　교회에 나가는 것을 심하게 반대하는 남편으로 갈등하면서도 교회 출석을 포기할 수 없었습니다. 그런 남편을 위해 '남편도 주님의 사랑을 알게 해 달라고' 계속 기도하며 살아가던 중 서울 왕십리로 이사하게 되었어요.

　그곳에서 7-8년쯤 살았는데 그 때 남편은 가구점을 운영했어요. 남편은 가구에 대한 기술이 좋아서 신문에도 나올 정도로 사업을 잘하고 있었어요. 이사를 하고서도 교회에 가는 것에 대한 남편의 반대는 계속 되었고, 교회도 멀어 출석하기가 점점 어려워져서 한동안 교회를 다니지 못했어요. 그러나 제 가슴속에는 늘 주님을 향한 열정이 식어지지 않았고, 계속 불타고 있었습니다. 언젠가 남편과 함께 말씀을 듣고 기쁘게 신앙생활을 할 수 있는 날을 꿈꾸며 기도의 끈을 놓지 않고 지냈습니다. 그러면서 틈틈이 말씀이 좋고 성령이 뜨거운 교회에 나가기도 하면서 다시 신앙생활을 회복하기를 소망하며 살았습니다.

믿음으로 아벨은 가인보다 더 나은 제사를 하나님께 드림으로
의로운 자라 하시는 증거를 얻었으니
하나님이 그 예물에 대하여 증언하심이라 그가 죽었으나
그 믿음으로써 지금도 말하느니라

히브리서 11장 4절

## 2장
# 힘들었지만 열정만은 최고였던 시절

# 왜 하필이면 보험회사인가요

어느 날 남편이 단독주택 용지를 사서 집을 지으려고 했을 때의 일이에요. 경험도 없이 시작한 집짓는 일은, 계획한 예산보다 많은 돈이 초과하면서 우리 가정이 어려움을 겪는 시작이 되고 말았습니다. 은행에 가서 돈을 빌리려니까 호화주택이라고 하면서 서민주택에 필요한 돈만 빌려준다고 해서 그냥 집으로 돌아오게 되었습니다.

그때 보험회사를 다니는 모 집사님을 만나게 되었는데 담보가 좋으면 보험회사에서 얼마든지 돈을 빌릴 수 있다는 이야기를 하는 것이었습니다. 그래서 저는 충무로에 있는 교보생명을 방문하게 되었고, 그 일을 계기로 보험회사에서 일을 하게 되었습니다.

그날 밤 성령께서 저에게 아침 3일을 금식하라는 마음을 주셨습니다. 3일 째 되는 날 밤 꿈을 꾸었습니다. 꿈은 너무 신비스러웠습니다. 저의 집 문 앞에 큰 퇴비장이 있었는데 이상하게 그 퇴비장에는 쌀을 빻아서 놓은 것들이 있었습니다. 퇴비장이라 함은 시골에서 농사를 짓기 위해서 짚과 풀과 인분과 흙을 산더미처럼 쌓아 놓고 겨우내 썩게 하여 발효를 시킨 것을 말하는데, 이것을 이른 봄에 논바닥에 깔아 밑거름으로 사용하여 농사를 짓습니다. 꿈에 퇴비장을 한참 동안 보고 있는데 참기름을 발라 놓은 것처럼 빛이 나면서 일개미들이 어디선가 몰려오더니 자기 밥이라고 쪼아 먹고 있었습니다. 또 얼마후엔 손가락만한 왕개미들이 반짝반짝 빛을 내면서 각처에서 듬성듬성 몰려오더니 또 자기 밥이라고 쪼아 먹는 것을 보고 꿈을 깼습니다. 하도 신비스러운 꿈이라서 무슨 뜻일까? 궁금했습니다. 꿈의 뜻을 정확하게는 알 수 없었지만 하나님께서 무엇인가 인도하실 것이라는 생각이 들었습니다. 그리고 보험회사에 입사하게 되었습니다.

당시 보험회사에서 직원 대출은 한 달에 한 사람씩 돌아가면서 해 주는 제도가 있었어요. 그런데 대출을 신청한 직원들 서류가 산더미처럼 쌓여 있어서 입사한 지 얼마 안된 내 순서가 되려면 얼마를 기다려야 하는지 알 수 없는 상황이었습니다. 저는 하나님께 기도하면서 대출이 빠르게 나와 주기를 기다렸습니다. 그리고는 그냥 있기에 다급하여 지점장에게 직접 대출을 부탁하였더니 평점 좋은 사원에게는 대출이 빨라질 수 있다고 하면서 본사에 직접 연락해 주었고 며칠 후 대출을 받게 되었습니다. 그 일도 저는 기도 응답으로 기억되며 제 어려운 시기를 피할 수 있도록 하나님께서 긍휼함으로 인도해 주신 것 같습니다.

하나님께서 보험회사로 인도하실 때 꿈을 꾸고 기도의 응답을 받았지만 마음 한편에서는 불평이 찾아왔습니다. "하나님 많고 많은 직업 중에서 왜 보험회사인가요?" 그러나 매일 출근하면서 하나님께서 제 성격에 맞게 예비해 주신 직장이라는 사실을 깨닫게 되었습니다. 보험회사에 다니면 남녀노소를 불구하고 수많은 사람을 만납니다. 복음을 전할 수 있는 직업으로는 최고라는 사실을 느끼게 되었습니다. 자유롭고 정년도 없고 주의 일에 마음껏 헌신할 수 있는 장점이 있었습니다. 일을 하면 할수록 하나님께서 이곳으로 인도하셨다는 확신이 점점 더 들었습니다.

직장을 다니면서 힘이 들 때마다 기도를 하면서 세계만방에서 나를 찾고 부르신다는 확신을 갖게 되었습니다.

# 때가 이르다

집짓는 일 때문에 들어간 보험회사는 어느덧 35년이나 다니게 되었습니다. 상사들에게 인정을 받으면서 진급도 순탄했습니다. 집짓기 위해 보험회사에서 받은 대출금은 이자가 높았어요. 너무 어려운 시기였기 때문에 이자 갚기가 어려워져만 갔어요. 정말 하나님께 나아가 기도할 수밖에 없었어요. 급한 불은 껐지만, 계속 들어가는 대출금의 원금과 이자는 도저히 감당할 수가 없었어요. 너무 힘들어 자살하고 싶은 생각까지 들었어요. 어떤 달은 카드로 돌려 막기를 하기도 하고, 고객들에게 받은 보험료를 당겨쓰기도 했어요. 이런 시간이 반복되면서 힘든 하루하루는 더욱더 깊어만 갔어요. 하루는 총무로 교보빌딩 옥상에까지 올라간 적이 있었어요. 삶이 너무 힘이 들어 옥상에서 그대로 뛰어내리고 싶은 충동이 심하게 들었기 때문이었습니다. 그런데 마침 옥상 문은 닫혀 있었고, 먼 하늘만 바라보고 있을 때였어요. 하늘에서 "때가 이르다"라는 음성이 3번이나 반복해서 들리는 것이었어요. 이 음성은 저만이 들을 수 있는 또렷하고 큰 음성이었어요. 아마도 그때 하나님께서 자살 하려는 제 마음을 막으신 것 같습니다.

지은 집을 가지고 버티다가 결국 집을 처분할 수밖에 없었습니다. 대출금이 점점 불어나 있어서 집을 정리해도 별로 남는 것이 없었어요. 집을 처분하고 정리하니 겨우 월세 얻을 만큼의 돈만 남게 되었어요. 고난이 시작되었지만 마음만은 편안했어요. 하나님께 우리 가정의 앞길을 인도해 주시길 기도했습니다.

# 일개미, 왕개미 이금순

보험회사는 내 인생의 평생직장이 되어 갔어요. 나의 열정을 마음껏 쏟아 부었던 삶의 터전이었어요. 동네사람들과 저를 아는 많은 분들이 보험을 가입해 주었어요. 어떤 달은 한두 건도 하기 어려운 계약을 일곱 여덟 건의 보험을 계약하며, 회사에서 이금순이라는 이름이 드러나게 되었습니다. 회사에서 저의 주가는 점점 올라가기 시작했어요. 저는 밤낮을 모르고 열심히 뛰어 다녔어요. LG화재에 스카우트되었고, 삼성생명에도 스카우트되기도 했어요. 평화시장을 한 바퀴 돌면 건물주들이 줄줄이 적금도 들어주고 신탁을 들어주기도 했습니다. 여기저기 찾아다니고, 일개미와 왕개미로 열심히 쫓아다녔습니다. 저에게 일개미로서의 열매는 작은 보험계약들을 의미하고, 왕개미로서의 열매는 평화시장 주주들의 보험계약들을 의미합니다. 보험회사에 열심히 다니며 하나님께서 주신 큰 축복을 누렸습니다.

# 저는 2층 집을 주세요

1987년도 정부에서 신문과 TV 보도에 평촌이 신도시로 개발 된다는 광고가 나왔습니다. 그 당시 평촌은 논과 하우스 밭이었습니다. 이런 땅들이 점점 황금옥토가 되어 갔습니다. 하나님께서는 신도시가 개발이 되면 죽어가는 영혼을 구원하기에 너무 좋을 것 같다는 마음을 주셨습니다. "하나님, 저는 18층 고층은 싫어요. 2층 아파트를 주세요. 제 마음대로 뛰어다니면서 주의 일 할 수 있도록 2층을 주세요."라고 구체적인 기도를 드렸습니다. 고층이면 전망은 좋겠지만 만약 손님이 오거나 급한 사정이 있을 때 두부 장사가 밑에 와서 딸랑딸랑하다가 엘리베이터 기다리는 순간 가버리면 저는 아무 일도 못합니다. 또 비상시 화재가 나면 뛰어 내려도 생명에 위협받지도 않고 엘리베이터가 고장이 나도 상관이 없을 것 같아 하나님께 기도했습니다. 하나님은 제가 기도한 대로 2층을 주셨고, 제일 좋은 위치에 있는 아파트를 주셨습니다. 할렐루야.

## 아파트 부녀회장에서 총무이사까지

아파트에 입주하고 나서 제 모습이 동네 주민들 눈에 띄었나봐요. 주민들이 저에게 아파트 부녀회장과 반장을 해 달라고 제안하는 것이었습니다. 그리고 제 대답은 듣지도 않고 동사무소에 서류를 제출한 것이었어요. 저는 마음속으로 하나님의 인도하심이라는 확신이 들기 시작했어요. 왜냐하면 하나님께서 주민들의 마음을 움직여 복음을 전할 수 있을 것 같았기 때문입니다. 조금씩 단지 주민들과 친분이 쌓여가기 시작했습니다. 하나님은 반상회를 통해서 사람 낚는 어부가 되도록 예비하신 것입니다. 반장과 부녀회를 1년 하고 나니까 또 하나님은 주민들 마음을 움직여서 동대표와 총무이사까지 하게 하셨습니다. 약 10년을 열심히 활동하게 되었어요. 아파트 주민의 일이라면 어떤 것이든 처리했던 것 같아요. 저도 보람이 있었고, 점점 저의 위치도 조금씩 세워져 갔습니다.

# 공로패와 표창장

은하수 신성아파트 305동 201호 이금순
귀하께서는 신성아파트 총무이사로 재임하는 동안
주민의 공동이익을 위하여 탁월한 식견과 경륜을 토대로
헌신적인 봉사를 하였음으로 입주자 대표 일동은
그 공로를 깊이 기리기 위해 이 패를 드립니다.

어느 날 갑자기 조선일보 기자가 저의 집에 찾아왔습니다. "경기도 내에서 은하수 신성아파트가 최우수 단지로 선정되었기에 아파트를 어떻게 운영 관리하시는지 알고 싶다"며 인터뷰를 하자는 것이었습니다. 며칠 후, 조선일보에 아파트 관련 내용이 크게 실렸습니다. 그 주 주일에 교회 갔더니 모 장로님께서 "신문에 권사님이 나오셨던데요" 하는 것이었어요. 하나님께서는 부족한 저를 빛으로 쓰이도록 준비해 놓으셨습니다.

어느 날 어머니를 모시고 한림대학교 병원과 약국에 갔더니 전혀 모르는 사람들이 "아주머니 은하수 신성아파트에 사시죠? 신문에 나오셨던데요"라고 하는 것입니다.

은하수 신성아파트 입주자 주민들의 등쌀에 시작한 동대표와 총무이사를 통해 주민들을 위해서 봉사와 헌신으로 심부름꾼 역할을 한 것뿐이었습니다. 주민들이 너무 좋아하였고, 하나님께서 저로 하여금 제가 살고 있는 곳에서 빛과 소금의 직분을 감당하게 하셨습니다. 하나님은 저를 너무 사랑하셔서 어느 곳에서 무엇을 하든지 빛이 되도록 인도하셨습니다. 저는 하나님만 사랑하고 살아계신 내 아버지 사랑을 실천한 것밖에 없습니다. '교회를 사랑하고 하나님만을 사랑하니 이렇게 행복한 날이 있구나!' 하는 생각이 들었어요.

서울에 살다가 이곳 평촌 벌말이라는 동네에 이사를 올 때에는 공장이 많고 논밭에 하우스뿐이었어요. 그래서 비가 오면 지렁이, 노랭이가 너무 많아 걸어 다닐 수가 없었습니다. 깡촌도 이런 깡촌이 없었던 시절이었죠.

반장으로, 부녀회장으로 아파트를 돌아다니다보니 어려운 집이 보이기 시작했어요. 저는 아파트 세대원들에게 기금을 모아 어려운 집을 도와주자고 했어요. 그랬더니 모두들 참 좋은 생각이라고 하며 협조하기 시작했습니다. 시청에도 조금씩 저에 대한 소문이 퍼지기 시작했습니다. 예전에는 평촌에 범죄도 많았어요. 무슨 일이 일어나면 안양경찰서에서는 3통 3반 이금순 반장님을 찾아가 도움을 부탁하라고 한 적도 있습니다. 사고를 낸 아이들의 잘못을 가르치고 때론 경찰서에 가서 도와 달라고 한 적도 있습니다. 그랬더니 경찰들이 고마워하는 것이었습니다. 인근 관공서에서도 점점 이금순이라는 반장이 아파트를 위해 열심히 일한다는 소문이 나서 저를 모르는 사람이 없을 정도였어요. 그리고 관공서에서 표창장도 받게 되었어요.

귀하는 창의와 헌신적인 봉사 자세로
열성을 다하여 운영지도를 하였음으로
근검절약과 건전사회 가풍을 조성함과
반 공동사업을 스스로 찾아서
성공적으로 추진하였음으로 이에 표창함

당시 안양시장 장용순 이름 옆에 직인이 찍혀 있었습니다.
반상회를 빠지지 않고 했더니 가끔 시청 계장님이 찾아와 확인도 하고 격려도 해 주었습니다.

어느 날은 안양시청에서 찾아왔어요. 시청 계장님이 반마다 순회하면서 확인한 것을 보고 3통 3반 반장인 저에게 찾아와 어떻게 반 운영을 하시기에 10명 이상이나 모여 반상회를 할 수 있느냐고 묻는 것이었어요. 또 주민들과 함께 어려운 이웃을 돌보기도 했습니다. 반상회 나올 때마다 1천원을 가지고 오게 하여 기금을 마련했어요. 지금 기억이 나는 어려운 가정은 세 살의 큰 아이와 임신 8개월 중인 아내와 살고 있는 남편이 직장을 잃고 엄마를 도와서 일하고 있었습니다. 출산을 위해 쓸 수 있도록 기금을 전달했지요. 또 이런 일도 있었어요. 너무 어려워 아무것도 할 의욕이 없는 이웃이 있었는데 그분에게는 리어카를 사주어 생선 장사를 할 수 있도록 도와주었어요. 지역사회에서 어려운 일을 해결한 것이 한두 가지가 아니었어요. 이러저러 자잘한 일들이 많았지만 정말 마음을 다해 돕고 싶었고, 함께 마음을 모아 준 이웃이 있어서 가능한 일이었습니다. 그 때 표창장과 함께 받은 상품 법랑 냄비는 최고로 좋은 것이었고, 무릎까지 오는 가죽장화는 그 당시는 누구나 갖고 싶어하던 것인데 지금 생각하면 촌스럽기 그지없어 웃음이 나요.

집 근처에 있던 동일방직 직원들이 월급을 탈 때쯤 되면 금품갈취나 심지어 살인사건도 가끔 나곤 했었어요. 어떤 사원은 저에게 찾아와 해결해 달라고 호소할 때도 있었는데 그러면 저는 안양경찰서와 연락하여 해결해 준적도 여러 번 됩니다. 이런 일을 여러 번 처리하니까 안양 경찰서에서도 저를 믿고 크고 작은 민원을 처리할 정도가 되었습니다. 저는 그럴 때마다 보람을 느꼈고, 점점 동네를 넘어 이웃 관공서에까지 알려지게 되었습니다.

이렇게 열심히 한 것은 어디를 가나 일을 만나면 늘 열심히 하려는 저의 근성 때문이고, 어릴 때부터 교회를 중심으로 자라고 생활하면서 갖게 된 교회사랑, 이웃사랑이 몸에 배여 있어서였던 것 같습니다.

# 조선일보에 최우수단지로 선정


성남시 이매동 삼환아파트 등 13개 아파트 단지가 올해 경기도의 공동주택 우수단지로 선정됐다. 경기도는 최근 재활용품을 자원화하고 '먼저 인사하기 운동'을 펼쳐 주민 화합을 이끌어낸 성남시 이매동 삼환아파트 등 13곳을 우수단지로 선정했다.

선정된 곳과 사례를 보면 ▲안양시 평촌동 향촌 현대4차아파트는 승용차 함께 타기 · 동네마을 학교 운영 ▲안양시 비산동 은하수 신성아파트는 여성 동대표 활동 ▲부천시 중2동 신동아 영남아파트는 도 · 농자매결연을 통한 자연학습장 운영 ▲시흥시 정왕동 신동아아파트는 심장병 어린이돕기 등 주민 화합 ▲군포시 금정동 율곡아파트는 인터넷 무료교육 실시 ▲군포시 산본동 계룡삼환아파트는 노인정에 온열기 등 설치 ▲이천시 증포동 선경2차아파트는 차량 홀짝제 실시 등 물자절약 ▲구리시 인창동 인창주공2단지는 놀이터 · 교통시설 관리 우수 ▲남양주시 화도읍 창현리 두산2차아파트는 환경경진대회 개최 등 환경관리 ▲성남시 분당구 서현동 효자촌 동아아파트는 하자전문위원제 등 주민참여 우수 ▲고양시 일산구 호수마을 2단지 현대아파트는 홈페이지 제작 ▲하남시 창우동 은행아파트는 입주자대표회의 활동 우수 등이다.

어느 날 모 장로님과 권사님이 조선일보를 샀는데 저의 아파트가 신문에 우수단지로 선정된 기사가 실렸다는 것이었습니다. 우수단지로 선정된 이유가 재미있어요. "여성 동대표 활동"이라는 것이었어요. 그때 제가 동대표로 활동할 때였거든요. 하나님께 너무 감사했고, 주님만 바라고 살았더니 별 일이 다 있구나 생각했어요.

믿음으로 에녹은 죽음을 보지 않고 옮겨졌으니
하나님이 그를 옮기심으로 다시 보이지 아니하였느니라
그는 옮겨지기 전에 하나님을 기쁘시게 하는 자라 하는 증거를 받았느니라

히브리서 11장 5절

**3장**

# 굳세어라 금순아

# 창곡교회에서

　힘들 때마다 창곡교회 지하 기도실에 가서 하나님께 기도했어요. 눈물 콧물을 흘리며 찬송 기도를 하다보면 힘든 일들이 다 잊어지고 평안이 찾아왔어요. 늘 교회 중심으로 살아가다보니 하나님께서 어려운 고비고비마다 슬기롭게 잘 넘어 가도록 인도해 주신 것 같아요. 어느 날, 너무 지치고 힘든 마음으로 중보기도실에서 기도할 때였어요. 그런데 정수리 위에서 강한 소리가 들리기 시작했어요.

담대하라! 담대하라! 담대하라!
겸손하라! 겸손하라! 겸손하라!

　세 번씩이나 반복해서 들리는 것이었어요. 그때도 경제적으로 어려운 시기였고, 마음이 그 어느 때 보다 어려운 시기였어요. 아마도 저의 통곡소리를 하나님께서 들으시고 음성으로 들려주신 것 같아요. 저는 너무 감사했고, 새 힘을 얻어 다시 시작할 수 있었어요. 기도는 늘 저에게 있어서 다시 시작할 수 있는 시간이었습니다. 하나님은 저의 작은 신음까지도 듣고 계시고 저에게 응답해 주셨습니다.

창곡교회에서 저의 교회 봉사는 많은 기쁨을 주었고, 하나님께서 삶의 보람으로 선물을 주셨습니다. 저는 목사님의 추천으로 신학교에 입학하게 되었어요. 창곡교회에서 교회의 크고 작은 일은 모두 제 몫이었어요. 청소부터 재정에 이르기까지 교회의 살림살이를 도맡다시피 했습니다. 저는 그때 여러 가지 바쁘게 살았지만 틈을 내어 시작한 2년의 신학 공부 과정은 또 하나의 기쁨을 주었습니다. 얼마나 기뻤는지 수업이 없는 날도 학교에 갔습니다. 신학교를 너무 사랑하고 좋아해서 공부하는 즐거움에 푹 빠졌습니다. 신학교 다닐 때 성적도 만족스럽게 나와 더욱 기뻤습니다.

그때 교회 생활에서 가장 큰 보람은 전도였습니다. 기회가 되는대로 밖에 나가 복음을 전하면 많은 사람이 교회에 등록하였고, 뿌린 대로 거둔다는 말씀을 체험하였습니다.

# 부흥회에서 만난 하나님

남편이 1978년 동일방직에 취직이 되어서 평촌으로 이사를 오게 되었어요. 그때는 평촌이 밭이 많아서 농사를 짓는 비닐하우스로 가득했고, 전체 150가구 정도밖에 없었던 시절이에요. 1992년도에 평촌에 1기 신도시가 개발되면서 아파트가 들어서기 시작했어요. 어렵게 아파트를 분양 받을 수 있었어요.

50대 후반이었던 남편이 갑자기 세상을 떠났어요. 병환으로 고생하였던 남편이 세상을 뜨고 나니 삶이 정말 막막했어요. 그토록 교회 가는 것을 반대했던 남편이 없기도 하고 마음도 너무 허전해서 다시 신앙을 붙잡고자 교회를 찾기 시작했어요. 하나님 없이는 살 수가 없었어요. 평촌에 처음 이사를 왔을 때에는 개척교회를 다녔습니다.

어느 날 교회에서 부흥회를 하는데 큰 은혜를 받았어요. 맨 앞자리에 앉아서 예배를 드리며 통성기도를 하는데 성령님의 큰 체험으로 마음이 뜨거웠어요.

주를 앙모하는 자 올라가
올라가 독수리같이
주를 앙모하는 자
늘 강건하리라

  부흥회에서 뜨거운 성령 체험을 하고 나서 저는 더 열심히 교회 봉사를 하게 되었어요. 안내위원도 하고 교회 재정을 맡고, 구역장도 하고, 노방전도도 하며 정말 교회 봉사는 안 한 것이 없을 만큼 열심히 했어요.
  개척교회였기 때문에 일손이 많이 부족했어요. 교회 봉사는 늘 너무 기뻤고, 그러니 자연스럽게 전도가 신나고 저에게 힘도 주고 열매도 많았어요. 그때는 전도할 때마다 교회에 등록하는 사람이 너무 많아서 저는 매년 전도왕이 될 정도로 하나님께서 큰 역사를 이루어 주셨습니다. 제가 복음에 대해 말을 하기만 하면 사람들이 교회로 향할 정도였어요. 저는 그때 교회에 순종하는 법을 배웠고, 순종이 얼마나 저에게 행복을 가져다 주는지를 느끼고 배웠던 시간이었어요.

# 박중식 목사님과의 만남
# 그리고 새중앙교회


1992년 쯤 새중앙교회를 만난 것 같아요. 평촌 아파트에 입주하고 나서 새중앙교회가 귀인마을에 있을 때 그 예배당에서 예배를 드렸습니다. 그때는 새중앙교회가 포일단지에서 평촌으로 이사오면서 포일단지, 평촌 귀인마을, 산본 이렇게 세 군데에서 예배를 드리고 있을 때였어요. 그때 저는 작은 개척교회를 다니고 있었는데 교통편이 너무 안 좋아서 교회 다니는 것이 조금씩 힘이 들기 시작했어요. 마침 새중앙교회 버스가 우리 아파트까지 들어오곤 하는 것을 보고 교회를 옮기게 되었어요.

처음 새중앙교회에서 예배를 드려보니 박중식 담임목사님의 말씀이 너무 좋았습니다. 목사님은 욕심도 없으시고 겸손하기까지 하셔서 성도들이 모두 좋아했습니다. 사모님은 늘 겸손하시고 차분하셨어요. 성도들이 누가 사모님이신지 모를 정도로 조용하신 분이셨어요. 성도들은 저에게 사모님이 누구인지를 묻곤 했습니다. 당시 담임목사님은 사택도 세를 내시며 살았습니다. 사택을 사드린다고 해도 아니라고 하였고, 차를 사드린다고 해도 아니라고 하였습니다. 목사님은 월급통장도 없고, 월급을 받으면 먼저 교회에 헌금하시는 것 같았습니다. 참으로 하나님께서 새중앙교회를 쓰시는 이유가 있구나 하는 생각을 했습니다.

저는 새중앙교회에 출석하며 좋은 교회를 만나 너무 기뻤습니다. 처음 안내 봉사를 시작했고, 구역예배를 드리며 구역식구들과 기쁜 시간을 보내며 교제하는 것이 너무 좋았습니다. 저는 늘 하나님께서 새중앙교회를 부흥하게 하시길 기도했습니다. 하나님은 우리 교회를 영혼구원의 방주로 삼으시길 기도했습니다. 새중앙교회는 점점 부흥했고, 사랑이 많은 교회로 소문나기 시작했습니다. 저는 교회의 비전 백천만을 달성하기 위해 매일매일 기도하고 있습니다. 새중앙교회를 만난 것이 행복하고, 박중식 목사님을 만나 이렇게 행복한 교제를 나누게 된 것이 늘 감사했습니다. 저는 교회가 너무 좋아서 안내위원 외에도 전도학교, 어머니학교 등 여러 기관에서 봉사하며 헌신하게 되었습니다. 이렇게 헌신하는 것이 힘들지 않고 자연스럽게 이어지며 섬김을 다하게 되었습니다. 주일은 아침 8시에 교회에 도착하여 저녁 9시가 되어야 집에 들어가곤 했습니다. 그래도 하나도 피곤하다는 생각이 들지 않았고 은혜로움으로 가득 찬 시간들이었습니다.

# 저를 부르시는 하나님

구역장을 맡아 열심히 전도하였더니 구역원이 많아져서 구역을 분할해야 할 정도였습니다. 구역 안에서 구역원의 자녀들끼리 서로 결혼을 할 정도로 친한 관계가 되었습니다. 주일 봉사도 열심히 했습니다. 예배 안내위원과 전도학교를 18년 동안 하루도 빠지지 않고 섬겼습니다. 안내위원을 한 번도 빠짐없이 헌신하였더니 교회로부터 상을 받기도 했습니다. 2002년도 4월 12일이었을 거예요. 금요일 구역예배를 드리고 나서 잠이 들었는데 꿈속에서 하나님의 음성이 들리는 것이었습니다.

'기름 부음을 받은 자, 기름 부음을 받은 자, 기름 부음을 받은 자'라고 리듬을 타면서 세 번씩이나 반복해서 말씀하시는 것이었습니다. 저는 두렵고 떨리는 마음으로 두 손을 가슴에 안고 감사의 기도를 드렸습니다.

언젠가 기도를 하는데 새중앙전도학교를 하나님이 기뻐하신다는 응답을 주셨습니다. 전도학교를 통해 많은 영혼이 주님께 돌아오게 하는 열매를 맺게 하셨고, 하나님의 나라가 확장되어가는 것을 경험하게 하

셨습니다. 한 생명이 천하보다 귀하다고 하신 말씀을 주시며 전도에 열
정을 가지게 하셨습니다.

오직 하나님께 옳게 여기심을 입어 복음을 위탁 받았으니 우리가 이
와 같이 말함은 사람을 기쁘게 하려 함이 아니요 오직 우리 마음을 감
찰하시는 하나님을 기쁘시게 하려 함이라_ 디모데전서 2:4

하나님은 모든 사람이 구원을 받으며 진리를 아는데 이르시기를 원
하셨습니다. 모든 사람이 구원받고 창조주 하나님을 아는 진리의 지식
인 말씀을 배워 생명을 심는 자녀로 서기를 원하셨습니다.

또 놀라운 일이 있었습니다. 어느 수요일 밤에 침대에서 똑바로 누워
서 자는데 12시에서 1시경 하나님의 말씀을 한 자 한 자 또렷이 보여 주
시면서 제 이마 한가운데로 지나가시며 하나님의 음성을 들려주셨습
니다. '다 이루었다'라고 말씀하시며 다음 말씀을 주셨습니다.

이것을 너희에게 이르는 것은 너희로 내 안에서 평안을 누리게 하려
함이라 세상에서는 너희가 환난을 당하나 담대하라 내가 세상을 이기
었노라_ 요한복음 16:33

하나님께서 부족한 저에게 자꾸 말씀을 주시는 이유가 뭘까 생각했습니다. 눈물이 나기 시작했습니다. 하나님께서 '너는 나의 빛이다'라고 말씀하시며, 세계만방에서 너를 부르고 찾고 있다고 말씀하시는 것이었습니다. 그 이후 저는 매년 단기선교를 전깃불도 없는 세계의 오지에 주님의 심장과 주님의 사랑을 가지고 생명을 살리는 복음을 전하며 다녔습니다.

# 모시옷 권사님, 너무 예뻐요

저의 고향은 충청남도 서천 마량리입니다. 마량리는 한산 모시로 유명한 고장이에요. 우리 고향에서는 여름이면 모시옷을 입는 것은 일상입니다. 그래서 저는 어릴 때부터 모시와 함께 자랐어요.

모시옷을 만들려면 복잡한 여러가지 공정을 거쳐야해요. 모시는 1년에 3번을 베어내며 거두어들인 모시를 껍질을 벗겨서 원재료인 태모시로 만들어야 합니다. 태모시는 물에 담그게 되면 빛이 바래는데요. 그러면 그것을 쪼개어 전지에 걸어놓고 무릎에 비빈 다음 날줄과 씨줄을 만들면 돼요. 이렇게 해서 한 올 한 올 엮어 가면 된답니다. 물에 적셔 햇빛에 여러 번 말리면 백저포가 되는데 이 백저포에 물감을 들이면 예쁜 색감의 모시옷이 만들어집니다. 저는 교회에서 안내위원으로 오랫동안 봉사했어요. 안내위원은 교회의 얼굴이라고 생각해서 늘 모시옷을 입고 봉사를 했어요. 그러다 보니 교회에서 만나는 사람들에게 모시옷 권사로 유명했어요. 예배드리러 온 성도님들도 예쁘다고 하시니 저는 더 신이 나서 모시옷 입는 것이 즐거움이 되었어요. 저는 첫인상이 중요하다고 생각해요. 단아하고 우아하게 차려입은 모시옷은 예배당에 들어서는 성도님들의 마음을 훈훈하고 넉넉하게 만들었어요. 많은 사람이 모시옷을 좋아하기는 하지만 복잡한 준비가 불편하고 뭔가 번거롭게 생각하는 것 같아요. 하지만 저는 어릴 때부터 모시옷이 익숙하였기에 전혀 불편없이 준비하여 입을 수 있었습니다. 여름이 오면 무조건 모시옷을 입다보니 점점 편하고 시원하여 좋았습니다. 그러다 보니 저는 자연스럽게 교회에서 모시옷 권사로 통합니다. 저의 옷장에는 모시옷이 8벌이나 된답니다. 저의 모시옷은 원피스, 쓰리피스도 있고 대부분 개량 한복 스타일이 많아요. 모시옷은 입기 전에 일일이 풀을 해서 다려 입어야 하니 무척 번거롭다고 생각할 거예요. 사실 그렇긴 하지만 모시옷을 입으면 좋은 점이 많아요. 모시옷은 우선 시원하고 또 품위가 있어 잠자리 날개옷처럼 우아하기까지 합니다. 특히 젊은 권사님들이 너무 예쁘고 잘 어울린다고 말을 많이 합니다. 심지어 버스 안에서도 쳐다보는 사람이 많아요.

오랜만에 모시옷을 입어 봅니다. 모시옷을 입을 때마다 주일 예배 안내위원으로 봉사하던 시절이 떠오릅니다. 성도님들에게 가지런히 인사하며 반겼던 모습이 떠오릅니다. 나의 몸에 날개를 달아 준 모시옷, 그때가 그립습니다.

# 변함없이 지킨 안내위원

주일 3부 예배 안내위원을 맡으면서 늘 감사했습니다. 담당 목사이신 양승도 목사님과 여러 안내위원들과 함께 마음을 합하여 안내를 하였습니다. 저는 교회에 들어오시는 모든 성도에게 평안함을 전해 드리기 위해 최선을 다하였습니다. 성도들은 안내위원들로 인해 많은 은혜를 받습니다. 한복을 입고 이리저리 뛰어다니다보면 저도 모르는 사이 버선이 벗겨져 발꿈치를 드러낼 때도 있답니다. 창피하다는 느낌이 들다가도 이 또한 하나님께서 나에게 주신 귀한 사명이라 생각하며 새 힘을 얻는답니다. 포일단지 개척교회 시절부터 먹자골목 시절에 이르기까지 한 번도 거르지 않고 10년을 넘게 봉사하였습니다. 하루는 집사님 한 분이 "권사님을 보면 막 날아다니는 것 같아요"라고 하면서 환한 미소를 보내주셨습니다. "제가 하는 것이 아니에요. 성령님께서 저를 인도하셔서 이렇게 훨훨 날아다니면서 안내를 돕는답니다."라고 너스레를 떨기도 했답니다. 예배를 마치고 나가시는 어르신들의 손을 꼭 잡으면 제 손을 더 힘껏 잡으시고 놓지 않으시려고 합니다. 하나님께서는 작은 일에 충성하면 더욱 큰일을 맡기신다고 하십니다. 저와 함께하는 안내위원들 모두가 바로 천사라고 생각합니다. 고운 한복을 입고 성도들을 맞이하고 배웅하면서 예수님의 귀한 사랑을 실천하는 거죠. 이제 제 나이 64세, 아직 더 헌신하고 싶습니다. 예배를 마치고 나가시는 성도들에게 목을 숙이면서 인사를 하다 보니 교통사고로 불편했던 목이 다 나은 은혜도 받았습니다. 안내 위원으로 섬기면서 건강의 축복도 주시고, 제 삶에 희망과 보람을 주심에 감사드립니다. 하나님의 사랑이 너무 감사해요. 새해에도 변함없이 안내위원으로 성실하게 섬기고 싶습니다.

교회 잡지 해피투게더에 소개된 적이 있어요. 손짓하며 예배당 안으로 안내하고 있는 저의 사진과 함께 짧은 글이 실렸어요.

"4부 예배 때 대예배당 1층에 들어서면 유난히 밝은 모습으로 성도들에게 앞자리로 오라고 손길을 보내는 분이 있다. 이금순 권사님. 이번에는 마스크로 그 밝은 얼굴을 가리고서도 성도들에게 연신 손짓하며 앞자리를 권유하시는 모습이 너무도 감동스럽다. 전도학교에서는 '전도왕'으로 걸어 다니는 전도사님이라는 호칭을 가진 이 권사님은 교회

프로그램을 거의 다 이수하고 구역장으로, 교구장으로 이미 모든 봉사를 섭렵한 베테랑 봉사자인데 예배 안내 봉사마저도 20년의 세월을 이어오고 있다. 못하는 게 없으셔서 새중앙교회 걸작품이란 별명까지 갖고 있어서인지, 예배 안내에서도 당당하게 앞자리로 안내하시는 모습은 교회에 처음 나오시는 분들이 편안하게 예배를 드릴 수 있게 하는 매력까지 가지고 계신다. 권사님 모습 본받고 싶네요."

# 목사님을 통해 받은 비전의 말씀

　박중식 원로 목사님을 통해 받은 비전의 말씀입니다. 하나님은 박중식 목사님을 너무 사랑하신답니다. 가끔 기도를 하면 목사님께서 황금으로 만들어진 성령의 두루마기를 입으셔서 눈이 부셔 쳐다 볼 수 없을 때가 많았습니다. 주시는 말씀마다 저에게 비전과 꿈을 주셨습니다.

　지혜 있는 자는 궁창의 빛과 같이 빛날 것이요 많은 사람을 옳은 데로 돌아오게 하는 자는 별과 같이 영원토록 비취리라_ 다니엘 12:3

　하나님은 이 말씀으로 저에게 전도의 사명을 주셨습니다. 만나는 사람마다 말씀을 꺼내고 복음을 증거하고 다녔습니다. 지금도 이 말씀은 저의 마음을 뜨겁게 하는 말씀이에요.
　그때 교회가 건축 중이었기 때문에 건축헌금을 1,000만원 작정을 하게 되었어요. 그런데 500만원만 드리고 IMF가 찾아 왔어요. 그래서 나머지 다 드리지 못한 것을 아쉬워했고, 늘 기도했습니다. 그러던 중 저의 아파트 값이 두 배로 뛰기 시작하는 것이었어요. 부랴부랴 아파트를 전세로 돌리고 나머지 헌금을 챙겨 주일 오기만 기다렸습니다. 마침 내 손동에 꼭 마음에 드는 빌라를 사 놓게 되었어요. 평촌 전세금이 이 모든 것을 정확하게 치를 수 있었습니다. 하나님께서 저의 상황을 다 아시고 이렇게 인도하셨다고 생각하니 너무 감사했습니다. 무엇보다 건축헌금을 다 드리고 나니까 마음이 너무 기쁘고 행복했습니다. 하나님은 공짜가 없으시고 저의 작은 헌신을 받아 주셨습니다.

# 순종의 결과

.

어느 날 김혜순 권사님이 찾아왔습니다. 3권사회 회장직을 맡아달라는 것이었습니다. 저는 바빠서 감당할 수 없다고 했습니다. 김 권사님은 저에게 회장직을 맡기기 위해 매일 새벽기도에 가서 울면서 기도를 드렸다는 것이었습니다. 권사님은 새벽마다 기도하는데 큰 화환을 저의 목에 걸어 주는 모습이 자꾸 보인다는 것이었어요. 그 모습은 매일 새벽마다 기도할 때 하나님께서 보여 주셨다는 것이었습니다. 그리고 "네가 왜 염려하느냐"라는 말씀을 받았다는 것이었습니다. 저는 권사님의 권유를 받고 어떻게 해야 하나 고민에 빠졌습니다. 저는 회장을 하면서 회사 일을 잘하지 못 할까봐 걱정하고 있었던 것입니다. 김 권사님이 이렇게까지 기도하며 하나님께서 보여 주신 이야기를 하여 저는 더 이상 거절을 할 수 없었습니다.

그해 저에게 이상한 일이 일어났습니다. 보험회사에서 보험계약이 그 전보다 늘었고, 회사에서 1~2등을 하고 상장도 많이 받는 기적이 나타난 것입니다. 하나님께서는 떠밀려서 하게 된 저의 작은 순종도 기쁘게 받으신 것 같습니다. 1년 동안 저는 회장직도 기쁘게 할 수 있었고, 회사에서도 기쁘고 즐겁게 일을 할 수 있었습니다. 모두 하나님께서 하신 것입니다. 할렐루야!

# 헛된 세상

2007년도 9월에 하나님께서 저에게 보여 주신 것이 있습니다. 성전 본당 앞마당에서 2층을 쳐다보면 칸칸이 전부 유리창으로 되어 있습니다. 서울 청계천에 가면 만물상인 각종 공구 상가에 공구가 진열되어 있는 것처럼 교회 2층에 황금궤가 상자마다 꽉 찬 그런 환상 같은 것입니다. 그러면서 '다른 곳에서 왕으로 있는 천 날보다 주의 장막에 문지기로 있는 것이 좋다' 라고 말씀하십니다. 그 이후 저는 3부부터 5부까지 예배위원으로 섬기고 예배를 드렸습니다. 그리고 성전 청소를 합니다. 하나님께서 주신 은혜는 말로 다 형용할 수 없습니다.

저는 세상을 살고 보니 전도서 말씀처럼 헛되고 헛된 삶을 깨닫게 되었습니다. 물거품 같은 세상에 집착하는 것이 아니라 하나님의 성전을 지키며 주의 부름에 순종하며 사는 것이 잘 사는 길이라는 것을 깨달았습니다.

# 전도학교에서 받은 별

저는 하나님께서 전도의 사명을 주셨습니다. 전도를 하면 기쁘고 행복합니다. 하나님께서 만남의 복을 주셔서 전도할 수 있는 환경을 열어 주십니다. 저에게 전도의 사명을 주신 하나님께 늘 감사하며 살고 있습니다.

저는 새중앙전도학교 1기(1993, 12, 14)를 수료하고 그 이후 조장, 부조장을 여러 해 동안 했습니다. 그 때는 범계역, 지하철 전도, 병원 전도 등 당연 가야하는 곳을 다니며 전도의 열정을 품었습니다. 전도의 사명은 저에게 많은 열정을 품게 하며 살게 하였습니다. 입만 벌리면 사람들이 교회에 등록을 하니까 너무 신이 나서 전도를 하러 다녔습니다. 아파트 전도를 할 때였어요. 아파트 초인종을 누르니 어떤 아저씨가 나오는 것이었어요.

"나는 불교 믿어요. 다른 사람에게 가서 전하쇼."

문을 닫으려는 순간 저는 전도학교에서 배운 대로 문에 발을 걸고는 아저씨에게 계속 복음을 전했어요. 어디서 그렇게 용기가 생겼는지 모르겠어요. 또 한 번은 가정불화로 마음이 힘든 아저씨를 만났어요. 그의 이야기를 들어주고 지속적으로 관심을 가지고 만나며 교회를 소개했어요. 어느 날 그분이 교회에 나오게 되었어요. 저는 그분에게 교회 식당에서 식사하면서 교회에 등록할 수 있게 도와드렸습니다. 지금 그분은 신실한 믿음의 동역자가 되어 있습니다. 너무나도 감사한 일이지요.

　전도학교에서 기도원에 가서 수련회를 할 때에도 전도하는 일은 한 번도 빠지는 일이 없었습니다. 전도학교는 저에게 늘 힘과 에너지의 원천이었어요. 공기는 눈에 보이지 않지만 우리에게 꼭 필요한 것처럼 전도는 마치 저에게 공기 같은 존재였어요. 하나님은 저에게 늘 전도로 살아가도록 공기를 불어 넣어 숨 쉬게 해 주셨어요.

# 드디어 별을 달다

　전도학교는 수료식 때 별을 달아줍니다. 저는 세상에서 여군이 되어 스타가 되고 싶었던 때가 있었어요. 그 꿈을 이루지 못해서 늘 마음에 아쉬움을 안고 살았어요. 여군이 되어 저의 꿈과 비전을 펼치리라고 생각했는데 가정도 어렵고 여러 가지 상황이 안 되어 포기한 것 때문이었어요. 그런데 하나님은 저에게 세상에서는 별을 달지 못했지만 전도학교에서 별을 달아 주시는 것이 너무 감사했어요. 마치 못 이룬 꿈을 이룬 것 같아 큰 보람을 느꼈어요.

　16주 과정, 1년에 2번 열리는 전도학교에서 저에게 별을 달아 줬는데 그 별이 의미하는 것이 얼마나 소중한지 저는 알고 있어요. 저에게 있어서는 여군으로 진급해서 달게 되는 별보다 더 귀한 것이 분명해요. 하나님 저를 별처럼 빛나게 해 주셔서 감사합니다.

　이 별은 마치 하나님께서 저에게 "이금순 권사 너는 어디든지 가서 복음을 전하라"라고 말씀하시는 사명의 증표입니다. 저는 전도학교를 통하여 항상 기쁘고 행복했습니다. "쉬지 말고 기도하라 범사에 감사하라"는 말씀을 믿고 살아가게 하셨습니다. 저는 하나님의 말씀을 날마다 믿고 살아가기 때문에 기쁘고 행복했습니다. 저는 전도학교 1팀 1조장 홍호표 부장님을 최선을 다해 섬겼습니다. 아울러 1조원 훈련생들을 잘 섬기며 기도했습니다. 저는 연한 순과 같이 전도학교를 섬겼습니다.

# 잊지 못할 제자훈련

새중앙교회에 와서 잊지 못할 또 한 가지는 제자훈련을 받은 것이에요. 그때 김윤희 사모님이 말씀을 가르쳐 주셨는데 수료사진만 보면 집사님들과 말씀을 배웠던 일이 새록새록 생각이 납니다.

## 제자반 수료증

이금순

위 사람은 본 교회에서 실시한 제12기 제자반 과정을 수료하였음을 증명함

그러므로 너희는 가서 모든 민족을 제자로 삼아 아버지와 아들과 성령의 이름으로 세례를 베풀고 내가 너희에게 분부한 모든 것을 가르쳐 지키게 하라 볼지어다 내가 세상 끝 날까지 너희와 항상 함께 있으리라 하시니라_ 마태복음 28장 19-20절

1998년 11월 28일 새중앙교회 박중식 목사

# 꿈 이야기

   지금도 생생하게 생각나는 꿈이 있습니다.

   한번은 꿈을 꾸었는데 제 앞에서 예수님이 불꽃 같은 눈동자로 저를 바라보시는 것이었어요. 그리고 예수님은 하늘을 두루마리 삼고 창세기부터 요한계시록까지 말씀을 펼치시며 저에게 보여 주시는 것이었어요. 저는 너무 깜짝 놀랐습니다. 이 부족한 죄인한테 이렇게 엄청난 일들을 보여 주시니 어찌할 바를 몰랐습니다. 예수님은 저에게 말씀하시는 것 같았습니다.

   내가 너를 사랑한다.
   나는 참 능력의 하나님이시고 너를 많이 사랑한다.

   하나님 저는 너무너무 행복합니다.
   하나님이 안 계시면 저는 1분 1초도 살아갈 수가 없어요.

천국과 지옥이 있음을 믿습니다.
예수님을 전하며 살겠습니다.

또 어느 날 꿈에서 주님을 보았습니다. 하나님의 임재는 얼마나 큰지 그 넓은 하늘을 다 덮으셨습니다. 그리고 한쪽에서 십자가에 달리신 예수님의 양손과 가시 면류관이 보이고, 양발에 박힌 대못을 보여 주셨습니다.

하나님 제가 언제 어디든지 복음을 전할게요.
복음을 전할 때 저는 행복해요.
버스정류장에서 기다릴 때에도 복음을 전할게요.
지옥에 갈 한 생명이라도 천국으로 인도할게요.

그 꿈을 꾼 이후 저는 쇼핑백 가방에 전도지를 한가득 담고 잠실이며 사당동이며 충무로에서 전단지를 돌리며 전도했습니다. 전도하는 삶이 얼마나 행복하고 기쁜지 모릅니다. 참 보람되어요.
저는 믿음 생활을 하면서 여의도 순복음교회를 꼭 가보고 싶었습니다. 그러던 어느 날 기회가 되어 여의도 순복음교회 4부 예배를 드리게 되었습니다. 예배당에 앉아 묵상기도를 하는데 제 눈앞에 성전 둥근 지붕이 보이는 것이었습니다. 지붕 위에는 아지랑이가 모락모락 오르는데 자세히 보니 불이 활활 타오르고 있었습니다. 이상하다 생각이 들었습니다. 예배를 드리는 내내 저는 성령의 뜨거움을 체험했습니다.

저는 성령 체험을 풍선에 비유해 보기도 합니다. 풍선은 여러 가지 색깔이 있지만 보이지 않는 공기가 채워져야 풍선 모양을 만들 수 있습니다. 만일 공기가 없다면 풍선은 그 어떤 모양도 만들 수 없습니다. 저는 개인적으로 공기는 하나님께서 저에게 주신 은혜라고 생각합니다. 이 은혜가 풍선을 채울 때 그 은혜로 마음이 뜨겁기도 하고 눈물이 나기도 합니다. 그때 성령님은 저의 마음에 오셔서 아름다운 풍선 같은 충만함으로 또 다른 은혜를 주십니다. 또한 공기는 공동체 속에서 각 지체라는 생각이 들어요. 공기는 모양도 형태도 없지만 공기가 모아져 풍선에 들어가면 또 다른 아름다운 모양을 만들어 내잖아요. 이 또한 성령께서 공동체에 부어 주시는 은혜 같아요. 저는 믿음이 약할 때 순복음교회에서 경험했던 그때의 모습을 떠올립니다. 그러면 약해진 믿음을 성령님은 회복시켜 주십니다.

또 한 번은 꿈에서 하나님이 저를 어느 시골 논길로 데리고 가셨어요. 한 참 가보니 옹달샘이 있었습니다. 저는 목이 말라 하나님께 물을 먹고 싶다고 말씀드렸어요. 그랬더니 물을 한 바가지 떠먹으라고 하시는 것이었어요. 저는 그 물을 먹고 나니 전혀 목이 마르지 않았습니다. 아마 그때가 저의 인생에 어려웠던 시기를 지나 마지막 때쯤 되었던 것 같습니다. 하나님께서 어려운 사막과 같았던 나의 생활에 끝을 보여 주신 것 같았어요. 옹달샘의 물을 먹고 전혀 갈증을 느끼지 않았던 것처럼 그 이후 하나님께서는 저의 삶을 구체적으로 인도하셨습니다.

며칠 지나 꿈을 꾸는데 이번에는 박중식 목사님이 나타나셨습니다, 목사님은 고추씨 한 바가지를 가지고 오시더니 고추씨를 뿌리라는 것이었습니다. 저는 몇 날 며칠 동안 고추씨를 뿌렸습니다. 그리고 저는 깜짝 놀라 잠에서 깨어났습니다. 하나님은 그 이후 저를 전도학교로 인도하셨습니다. 전도학교에서 조장을 하면서 조원들과 마르지 않는 생명수를 먹고 마시며 기쁨의 생활을 했습니다. 하나님은 전도학교를 통해 많은 전도의 열매를 맺게 하셨습니다. 아마도 하나님께서 꿈에서 목사님을 통해 고추씨를 뿌리라고 하신 말씀이 현실로 보게 하신 것이었습니다. 당시 평촌 신도시가 들어왔고, 저는 남녀노소 많은 사람에게 마음껏 복음을 전했습니다. 저는 하나님께서 하신 말씀과 목사님의 격려로 많은 전도의 열매를 맺었습니다. 얼마나 기뻤는지 모릅니다.

믿음이 없이는 하나님을 기쁘시게 하지 못하나니
하나님께 나아가는 자는 반드시 그가 계신 것과
또한 그가 자기를 찾는 자들에게 상 주시는 이심을 믿어야 할지니라

히브리서 11장 6절

**4장**

선교는 나의 인생

# 선교에 눈을 뜬 해외 아웃리치

젊은 시절 평촌에서 부녀회장, 친목모임 등 제가 이끄는 모임이 6개나 있었어요. 정말 차고 넘치는 열정을 쏟아 부으며 열심히 활동을 했던 것 같아요. 어떤 모임이든지 앞서 나아갔고, 저의 열정으로 세상적인 열매도 많이 맺었어요. 그런데 마음 한 구석에 아쉬움과 허전함이 몰려오기 시작했어요. 하나님께서 그런 마음을 주신 것 같아요. 그때가 교회에서 단기선교학교를 배울 때였어요. 저는 단기선교학교를 다니면서 조금씩 선교에 눈을 뜨기 시작했습니다. 그래서 모임을 하나하나 정리하고 돈을 모으기 시작했어요.

일 년에 한 번이라도 선교를 다니며 선교 중심의 삶을 살아야겠다는 마음이 생겼어요. 자비량으로 선교를 다니다보니 세상 모임에서 느끼지 못한 큰 기쁨이 찾아왔습니다. 친목계를 모두 깨고 거기에서 나온 회비를 모아서 해외선교 아웃리치를 시작했습니다.

전깃불도 없는 베트남 오지를 갈 때면 교통편이 어려운 곳이라 조마

조마하는 마음으로 다녔지만 하나님이 지키시고 인도하심을 느낄 수 있었습니다. 선교지마다 열악한 환경에서 살아가는 그들을 보면서 마음으로 기도하는 시간이 되었습니다.

그 이후 해외 선교를 갈 기회가 많아졌어요. 그러던 중 꿈에 하나님은 저에게 해외 선교를 갈 때 「영생 얻는 길」 소책자를 가지고 가라고 말씀하셨습니다. 그래서 이 책의 저자이신 김효곤 목사님께 말씀을 드렸더니 목사님도 선교지에 갈 때 이 소책자를 꼭 가지고 가라고 말씀하셨습니다. 권사님이 그동안 전도학교에서 훈련 받은 것이 선교 현장에서 쓰임 받을 수 있다고 말씀하셨습니다. 그래서 그 이후 해외로 선교여행을 갈 때면 「영생 얻는 길」 소책자를 꼭 가지고 다녔어요. 저는 선교지를 갈 때마다 전쟁터에서 든든한 무기를 가지고 있는 기분이었어요.

# 베트남 아이들

베트남 선교를 다녀올 때 일이에요. 고아원과 학교 그리고 보건소에서 선교를 했습니다. 그때만 생각하면 마음이 너무 아픕니다. 그들은 메콩강 수상마을에 사는 사람이었는데 마치 닭장 같은 집에서 살면서 더러운 흙탕물에 들어가 그물로 고기를 잡으며 어렵게 사는 사람들이었습니다. 전깃불도 안 들어오는 오지입니다. 저는 그들을 보고 어찌나 가슴이 아팠는지 모릅니다. 아이들은 신발 한 짝을 가지고 뜰채 삼아 고기를 잡고 있었어요. 강물은 흙탕물처럼 보이지만 거의 똥물에 가까웠어요.

저는 그때 1달러짜리를 조금 바꿔 갔었는데 남자아이를 데리고 1살쯤 되는 아이를 안은 애기 엄마에게 남자아이 바지를 사 주라고 몇 달러를 주었습니다. 그랬더니 저를 한동안 쳐다보며 안 가는 것이었습니다. 그리고 저를 향해 고개를 숙이며 고마움을 표현했습니다. 젊은 애기 엄마의 측은한 그때의 모습이 눈에 선합니다. 그리고 교회 앞마당에 와서 노는 아이들은 신발도 신지 않고 놀았습니다. 그 아이들에게도 달러를 주면서 신발을 사서 신으라고 했습니다. 아이들에게 교회에 들어가자고 하면 아이들은 순박한 모습으로 어쩔 줄 몰라 하면서 도망가는 것을 보았습니다. 지금도 그 아이들이 눈에 선합니다.

한번은 점심을 먹으러 식당을 갔는데 전기가 나간 것이었습니다. 결국 밥을 먹지도 못하고 돌아와 한 집사님이 가지고 간 햇반과 제가 가지고 간 구운 김으로 주먹밥을 만들어 먹었습니다. 그때 주먹밥은 얼마나 꿀맛이었는지, 다시는 그 맛을 느끼지 못할 것 같아요. 작은 일이지만 하나님께서 때를 따라 선교지에서 감사의 조건을 생각하게 했습니다.

선교지를 다니면서 하나님께서 보여 주신 많은 일들을 생각할 때 감사와 영광을 올려 드립니다.

# 일본에서 가졌던 애국심

　일본으로 단기 선교를 갔을 때 일입니다. 일본 한국대사관에 가서 도장을 찍어 와야 하는 일이 있었습니다. 전철을 탔는데 많은 사람이 책을 읽고 있었습니다. 우리나라 전철은 시끄럽고 소란스러운데 이런 모습은 정말 본받을 점이라는 생각이 들었습니다. 전철에서 내려 언덕을 오르다 보니 멀리 태극기가 펄럭이는 건물이 보였습니다. 갑자기 생뚱맞게 "대한민국 만세, 대한민국 만세, 대한민국 만세" 3번을 외쳤습니다. 외국에 나가면 모두 태극기만 봐도 애국심이 생기나 봅니다. 태극기를 보고 찾아간 대사관 정문 앞에서 하얀 봉고차에서 내리는 한국 사람을 만나게 되었습니다. 저는 얼른 그 사람에게 어디에서 오셨는지 물어보니 성남에서 오신 분이었습니다. 하나님께서 그분을 만나게 하셨고, 도장도 쉽게 찍을 수 있었습니다. 시간과 환경을 인도하신 하나님을 경험할 수 있었습니다.

# 태국에서 복음을 전한 이야기

회사에서 해외관광을 시켜줘 푸켓에 갈 기회가 생겼습니다. 저는 「영생 얻는 길」 30권를 가져가게 되었습니다. 푸켓에 도착하여 아침 식사를 하고 나서 작은 수영장이 있는 곳을 가게 되었는데 한국사람 10명이 의자에 앉아 있는 것이었습니다. 저는 반가운 나머지 그들을 끌어안고 말을 붙였습니다. 어디에서 왔느냐고 물으니 공주 친목회원이라는 것이었습니다. 저는 "아! 이때구나" 싶었습니다. 가지고 간 「영생 얻는 길」을 꺼내어 복음을 제시하기 시작했습니다. 10명에게 복음을 전했는데 그 중에 한 명이 믿고 싶다고 하여 전도학교에서 배운 것을 바탕으로 영혼 초청을 하고 기도를 드렸습니다.

그리고 점심을 먹고 난 후에 40도가 넘는 쉼터에서 많은 사람이 쉬고 있는 중에 보이는 외국 사람들에게도 십자가를 보여 주면서 전도지를 내밀며 손짓 발짓을 동원하여 예수님을 전했습니다. 저는 땀을 뻘뻘 흘리며 손짓 발짓 하면서 하나님, 예수님, 성령님, 할렐루야를 외쳤고, 가슴에 십자가를 그리면서 복음을 전했습니다. 미국 사람은 제가 땀을 뻘뻘 흘리니까 손수건으로 저의 이마를 닦아 주며 오케이 하는 것이었습니다. 현지 사람들이 복음을 순순히 받아들여 여자 1명과 남자 4명이 영접하였습니다. 외국인 두 사람에게는 듣든지, 안 듣든지 영접기도를 드렸습니다. 그때 믿고자 하는 자는 오케이를 세 번 외쳤고 안 믿고자 하는 자는 노를 세 번 연속으로 외치는 것을 보고 '아, 내가 같은 자리에서 천국과 지옥을 동시에 경험하는구나'하는 생각에 귀한 경험을 하였음을 느꼈습니다. 그 자리에서 12명이나 하나님을 믿기로 약속을 했습니다. 기쁨이 충만한 시간이었습니다. 이 분들이 구원 받게 되었다는 것을 생각하니 너무 기뻤습니다.

# 백두산 단기선교를 다녀와서

중국 연길, 백두산 단기선교를 갔을 때는 참 기뻤고, 행복한 시간이었습니다. 선교사님 사모님과 목사님 사모님들 그리고 권사님들과 보낸 시간은 잊을 수가 없습니다. 연길은 조선족들이 많이 살고 있어서 한국에서 선교를 많이 가는 곳 중의 한 곳입니다. 그렇지만 여전히 중국의 농촌 선교는 어렵고 탈북인들이 숨어 사는 곳이라 위험하기도 합니다. 그들에게 직접적으로 복음을 전하지 못했지만 땅 밟기는 하면서 선교의 현장에서 주는 뜨거움은 다 말로 표현할 수가 없습니다.

백두산 천지 앞에서의 감격은 너무 벅차고 감동스러웠습니다. 가는 길목에 금매화며 들국화 그리고 야생화들에게서 자연의 신비스러움을 그대로 느낄 수 있었습니다. 이상한 것은 꽃들이 영하 3~4도임에도 불구하고 예쁘게 피어 있었고 거센 돌풍 바람을 견디며 살아있는 것이었습니다. 꽃들을 보니 갓난 아기가 백일쯤 되어 방긋방긋 웃는 모습처럼 사랑스러웠습니다. 추위에도 이겨내며 강하게 자라는 모습까지도 가습을 벅차게 했습니다. 하나님의 전지전능하심과 자연의 신비를 몸소 느끼는 시간이었습니다.

천지를 바라보며 북녘땅에 있는 분들이 구원받고 천국 가기를 기도했습니다. '예수 믿으세요'를 얼마나 외쳤는지 모릅니다.

좋아하는 동역자님들과 보내는 시간이 너무 감사하고, 믿음의 공동체가 소중함도 깊이 느끼는 시간이었습니다.

백두산에서 내려와 중국 농촌 선교는 계속되었습니다. 선교하는 중에 마음이 아팠던 것은 여학생들이 생리대가 없어서 종이를 사용하는 것이었습니다.

칠흑 같이 어두운 밤에 손전등 하나 가지고 앞장서신 집사님을 따라 밤길을 가기도 했어요. 가는 중에 모기는 많고 무섭기도 했습니다. 그렇지만 선교 현장에 와 있다는 사실만으로 기쁘고 즐거웠습니다. 밤이 늦어 잠을 자는데 원두막 같은 데서 멍석을 깔고 호롱불 하나 켜 놓고 잠을 청했습니다. 환경은 어렵고 힘들었지만, 하나님께 너무 감사하고 행복한 밤이었습니다.

다음 날 학교를 방문했습니다. 깜짝 놀란 것은 학생들이 땅바닥에서 공부하는 것이었어요. 우리는 너무 마음이 아팠어요. 그러나 학생들은 웃고 떠들며 즐거워하는 모습이었습니다. 하나님께서 학생들을 너무 사랑하시는구나 생각했습니다. 선교팀은 학생들에게 학용품과 먹을거리를 나누어 주면서 동행한 선교사님이 복음을 전했습니다.

오후쯤 배를 타고 내려 버스로 1시간쯤 비포장도로인 외길을 가게 되었습니다. 낭떠러지 주변을 조마조마한 마음으로 갔습니다. 선교팀은 무사히 도착하여 마을을 돌며 전도하기 시작했어요. 이곳도 너무 열악한 환경 속에서 살아가는 사람들이었습니다. 이곳 주민들도 웃음꽃이 피었고, 행복해 보였습니다. 그들에게도 복음을 전하며 너무나 행복했습니다.

# 캄보디아에서 뿌린 복음의 씨앗

사원의 도시, 앙코르와트로 유명한 캄보디아에서의 선교사역은 해외 선교에 있어서 은혜의 시간으로 기억됩니다. 캄보디아어도 모르면서 2인 1조가 되어 복음을 전했던 일은 아주 감동적이었고, 순박한 그들이 바라보는 눈망울은 지금도 눈에 선합니다.

쭘리읍쑤오(안녕하세요?)
쁘리아 쓰럴란 네악(하나님은 당신을 사랑하십니다)
쓰옴쯔어 쁘레야 예수(예수 믿으세요)
아멘, 아멘

복음을 전했다고 하기에는 너무 짧은 말들이었습니다. 그러나 그들은 한국 사람을 좋아하고 무엇이든지 받아들이려고 하는 모습에서 예수님을 구주로 영접하고 있다는 생각이 들었습니다. 말로 다 표현할 수는 없었지만 서로 마음으로 통하는 그 무엇인가 느낄 수 있었습니다. 아마 성령님께서 그렇게 하신 것이라 생각합니다.

캄보디아의 선교사역은 크게 전도사역과 의료사역 그리고 몸찬양 사역 그리고 아이들을 위해 풍선 아트와 인형극까지 준비했습니다. 제가 맡은 부분은 의료사역에서 약을 나눠 주는 일이었습니다. 의사의 처방이 내려지면 간호사가 약을 만들어 놓으면 환자에게 전달하는 일이었습니다. 그들은 약을 받으며 정말 고마워했습니다. 그들에게 복음도 전하고 육신을 치유하는 진료와 약을 줌으로 그들은 벌써 병이 나은 것 같은 느낌이 들 정도로 기뻐했습니다.

캄보디아 사람들은 진료받기 위해 육지와 연결된 널빤지를 이용하여 수상마을 쫑그니 보건소를 찾아왔습니다. 사람이 그렇게 많이 올 줄 몰랐습니다. 기다리는 사람의 줄이 끝도 없이 길었습니다. 기다리는 사람에게는 눈인사를 건네며 마음 문을 열도록 친근감을 보였습니다. 한류의 영향 때문인지 사람들은 한국 사람들을 너무 좋아했습니다.

캄보디아 선교사님이신 형정욱 선교사님은 우리 선교팀을 이곳저곳으로 안내하며 선교 현장을 체험하게 했습니다. 심방팀과 한 가정을 방문하여 복음을 전할 때였습니다. 형 선교사님이 그들을 위해 기도하며 축복하였더니 그들은 너무 감사해 하는 것이었습니다. 무더운 날씨 속에서도 선교팀을 지키시고 부어주신 은혜를 생각하며 마음을 다해 하나님께 감사와 영광을 올려 드리지 않을 수 없습니다.

무엇보다 캄보디아 해외 선교를 통해 선교지 현장을 구체적으로 경험하였고, 캄보디아 땅이 복음화되어 많은 사람이 예수님을 구주로 영접하도록 기도해야겠다는 마음이 들었습니다.

# 둘째, 딸의 이야기

딸_ 은주엘

믿음으로 노아는 아직 보이지 않는 일에 경고하심을 받아
경외함으로 방주를 준비하여 그 집을 구원하였으니
이로 말미암아 세상을 정죄하고 믿음을 따르는 의의 상속자가 되었느니라

히브리서 11장 7절

# 1장

# 신앙도 삶도 어려웠던 어린 시절

# 아빠는 목수

제가 태어날 당시는 "아들딸 구별말고 둘만 낳아 잘 기르자"라는 표어가 있었던 시대였어요. 저는 아들만 둘로 딸을 기다리던 집에 환영받으며 태어났습니다. 저는 엄마의 배 속에서부터 신앙을 받고 태어난 모태신앙입니다.

아빠의 직업은 목수이셨습니다. 1960년 후반기에 서울에 있는 큰 가구 회사에 취직하여 가구 만드는 기술을 익히고, 다시금 고향으로 내려가셔서 '서울가구점'이라는 간판으로 가구점을 차리셨는데 주문양이 너무나 많아 밤을 지새우며 일을 해야 할 정도로 잘 운영되었다고 합니다. 아빠는 가구를 만드는 솜씨가 좋아서 대통령상도 받았고, 서울신문에도 보도가 나갈 정도였습니다. 저는 자라면서 상장이 벽에 걸려있었던 생각이 납니다. 아빠는 가구를 만드시는데 열정이 있었나 봅니다.

그런데 몇 년이 지나 아빠의 가구점 앞으로 큰 가구점이 들어와 대량생산을 하는 바람에 아빠 가구점은 주문양이 점점 줄어들고 일거리가 없어져 갔습니다. 결국 아빠는 다시 서울로 상경하여 경대 만드는 회사에 입사하게 되었습니다. 아빠는 그 회사에 몇 달을 다녔지만 월급을 한 푼도 받지 못했습니다. 일을 하는데도 수입이 없으니 자연히 가정에 어려움이 찾아올 수밖에 없었습니다. 그 때 저는 태어나지도 않았고, 쌀 한 톨이 없어 밥도 못 먹게 된 상황에서 엄마는 어깨에 몹쓸 고름주머니가 생겼는데 돈이 없어 늦게 병원에 가니 조금만 늦었으면 죽을 수도 있었다고 했답니다. 그 병으로 엄마는 죽음의 문턱까지 다녀오셨다고 합니다. 아빠는 안양에 아주 큰 회사를 짓는데 목수 일로 인정을 받아 책임자가 되었습니다. 원래는 건축 책임자는 짓던 건물이 완공되면 다른 공장을 짓는 곳으로 옮겨가야 하는데, 그곳 사장님이 건물 완공 후에도 아빠가 남아있기를 원해서 그 회사에 계속 다니게 되었답니다. 그 후 아빠는 돈을 모아 땅을 샀고 기술이 있으니 많은 돈 안 들이고 인부 몇 사람과 혼자 힘으로 집을 짓기 시작하였다고 합니다. 그런 아빠와 잘 살았으면 얼마나 행복했을까요. 엄마는 제가 어릴 적부터 동네 통장, 반장 그리고 교회에서는 전도왕 상장도 자주 받아오고 이곳저곳에서 일꾼으로 쉴 새 없이 바빴습니다. 그런 바쁜 중에도 제가 유치원 다닐 때에는 가정의 경제에 도움을 주고자 작은 슈퍼를 인수하여 가게 일로 더욱 바쁘고 고단한 삶을 사셨답니다.

# 엄마를 핍박하는 아버지

제 나이 열 살 때 기억으로 아빠는 엄마가 집을 자주 비우기 때문에 교회에 가는 것을 못마땅해 하였습니다. 날이 갈수록 핍박이 더 심해졌습니다. 성경책을 태우기도 하였고 엄마가 교회에 가려고 하면 입던 옷을 찢기도 하였습니다. 아빠가 교회를 못 가게 막을수록 엄마의 마음은 교회로 향했고, 결국 아빠는 그런 엄마를 막을 수가 없었습니다. 시시때때로 엄마가 사라져 버리면 저는 의례히 교회로 엄마를 찾으러 갑니다. 교회 강대상 밑 지하 기도실에 들어가 보면 어두컴컴한 곳에서 기도소리가 크게 들려왔습니다. 약한 불빛 속으로 들려오는 기도 소리는 언제나 엄마의 목소리였습니다. 그런 엄마의 신앙 속에서 하나님의 인도하심으로 주일학교를 열심히 다녔던 것을 기억합니다. 우리 슈퍼는 동네에서 제일 잘되었지만 아빠가 집을 짓기 시작하면서 가게도 접어야 했습니다.

가게를 접고 엄마는 아빠 일을 도와 인부아저씨들 밥을 해 주면서 잔

심부름을 하였습니다. 지층에서 1층, 2층을 짓고 고층으로 올라가면서 돈이 부족해지기 시작했습니다.

아빠는 계속 일을 하였지만 엄마는 이곳저곳에서 돈을 빌리기 시작하다가 나중에는 일수까지 끌어다 쓰게 되었습니다. 이때까지도 저는 가난이란 걸 모르고 살았습니다. 점점 돈은 더 필요했고, 상황은 더욱 나빠져 집을 더 이상 못 올리고 마무리를 해야 했습니다. 우리는 주인집에서 살아 보지도 못하고 셋방 터에서 3년 정도 살다가 집을 팔아야만 했습니다. 우리는 그곳을 떠나 예전에 살던 가게 근처로 다시 이사를 왔는데 살아가기가 점점 더 힘들어져 갔습니다.

# 가난 중에도 기도하는 엄마

작은 방 한 칸에 다섯 식구가 살아야 하는 처지에 놓였습니다. 집은 다 쓰러져 가는 구석진 기와집, 천정에서는 쥐새끼들이 부스럭거리며 왔다갔다 하는 소리가 매일 들렸습니다. 저는 그 소리가 소름끼치게 싫었습니다.

아빠는 사업에 실패했다는 자책으로 술로 세월을 보내게 되었습니다. 그리고 아빠는 엄마를 더 가혹하게 교회에 못 나가도록 핍박하였습니다.

우리 집은 뜻대로 되는 것이 아무것도 없었습니다. 돈이 없어서 제대로 공부도 하지 못하게 되었고, 그 뿐 아니라 하고 싶은 것은 다 접어야 했습니다. 아빠는 한탄의 세월로, 엄마는 여러 가지 생활로 바쁘다는 이유로 우리 형제들은 방치되었고, 뭔가 할 수 있는 가르침도, 방법도 없어 삶의 목표 없이 무의미하게 방황하며 살고 있었습니다.

우리 가정은 의욕없이 나락으로 떨어지는 것만 같았고, 저는 죽음이 오히려 더 행복할 것 같다는 생각으로 유서까지 써놓았습니다. 이때도 어김없이 엄마가 집에서 없어지면 교회 지하 기도실에 갔습니다. 엄마는 저를 꼭 안아주면서 기도하라고 하십니다. 그래서 저도 엄마 따라 무릎을 꿇고 눈을 감고 몸을 앞뒤로 흔들면서 하나님께 기도드리곤 하였습니다. 그러다 언제 끝이 날까 눈을 떠 보지만 계속 기도하시는 엄마를 보면서 저도 또 앞뒤로 흔들면서 기도합니다. 나중에 들은 이야기지만 기도 중에 하나님께서 엄마를 찾아오셨다고 합니다. 하나님 손을 엄마 머리 정가운데에 얹으시고 "기름 부음을 받은 자, 기름 부음을 받은 자, 기름 부음을 받은 자"라는 음성이 세 번 들리더니 곧 사라졌다 합니다.

아빠의 핍박은 날로 심해졌지만 그럴수록 엄마는 더 담대하셨습니다.

# 매일 엄마를 찾는 남자

엄마에게 하루에 한 번씩 손님 한 분이 찾아오셨는데 일수를 받으러 오는 사람이었다는 것을 나중에야 알았습니다. 그때 엄마가 얼마나 힘이 들었을까 가끔 생각하게 됩니다. 엄마는 너무 힘들고 어려워서 자살하려고 어느 높은 빌딩 옥상으로 올라가던 중 엘리베이터가 맨 끝층에 닿았을 때 하나님의 음성을 들었다고 합니다.

담대하라, 강하고 담대하라, 겸손하라.

엘리베이터에서 내려 옥상 문을 열려고 하니 잠겨 있어서 그 자리에 앉아 우셨다는 말씀을 하셨습니다. 그때 하나님께서 주신 '담대하라'라는 말씀 붙들고 살아 오셨다고 하였습니다.

엄마는 모든 하나님 일에 열정을 쏟으며 맡은 일에 충성을 다하셨습니다. 엄마는 어려운 환경 속에도 항상 기쁨이 넘치시면서 예수님의 사랑을 전하셨고 사람들을 위로하며 사셨습니다.

이 무렵 제 나이는 14살, 중학교 1년생 즐거워야할 학교생활이 너무나 힘들었습니다. 학교 준비물들은 왜 그리 많은지. 엄마는 삼남매 차비와 준비물 때문에 거의 아침마다 돈을 빌리러 다니는 전쟁을 치러야만 했습니다. 등록금도 거의 막바지가 되어서야 간신히 낼 때가 많았고, 끝까지 내지 못하여 교무실에 불려갈 때도 많았습니다. 엄마의 고난은 끝이 보이지 않았고 극심한 생활고는 계속되고 어려운 환경을 극복하지 못한 채 아빠는 자포자기하여 술로 세월을 보내셨습니다.

# 아빠 꿈속에

　엄마와 우리들은 아빠 구원을 놓고 항상 기도를 했었는데 언제부턴가 아빠가 꿈에 마귀가 괴롭힌다고 자주 말씀하셨습니다. 하늘나라 가시기 몇 달 전쯤, 꿈에 마귀가 아빠를 해하려 큰 낫을 휘두르려 하는데 예수님이 나타나셔서 볏짚으로 막으라시며 던져 주셨다고 합니다. 잠에서 깨어난 아빠는 예수님이 정말 계시는 것 같다고 말하셨습니다.

　저는 의문이 생겼습니다. 이왕 마귀를 막으라고 주시는 것이면 더 단단한 것으로 주시지 않고 볏짚을 주셨을까? 아빠의 꿈을 세월이 지나서도 자주 생각해 보곤 했는데 이해 할 수 없었던 꿈이 믿음의 눈으로 보기 시작하면서 이해가 되었습니다. 볏짚 한 단을 주님께서 주시면서 능력을 주셨다는 사실을 깨닫게 되었습니다. 마귀를 대적하는 믿음과 성령께서 함께 하신다는 믿음을 주시는 것은 하나님의 자녀이기 때문입니다.

　그 해 4월, 진달래와 봄소식을 알리는 화창한 날씨로 세상은 따뜻하고 평화로워 보이는데 우리 집에는 슬픔의 소식이 울려 퍼졌습니다. 아빠가 병환으로 돌아가신 것입니다. 죽음이라는 것이 무섭게만 느껴질 때였지만, 아빠의 죽음을 통해 인생은 어느 때 갈지도 모르고 예고 없는 삶을 사는 것이라는 생각을 하게 되었습니다. 아버지의 장례는 연극 한 장면 같았고, 짜인 각본대로 우리가 움직이고 있는 것 같았습니다. 장례버스가 충남 서천까지 이어지면서 연극이 마무리되는 것 같았습니다.

아빠의 장례는 끝이 났고, 저는 그동안 무엇을 했는지 아무 생각도 나지 않았습니다. 저는 다시 일상으로 돌아와 주어진 생활을 하지만 뭔가 덫에 걸린 듯한 느낌을 가지고 하루하루 살아갔습니다.

# 늘 가까이 있었던 말씀과 찬양

저의 어린 시절은 주일에만 간신히 교회 출석하는 그런 아이였어요. 저는 어렸지만 삶의 목마름과 공허함이 가득했고 채워지지 않는 그 무엇인가의 갈급함이 가득했습니다. 그래도 한 줄기 희망이라고 하면 교회에 가서 위로받는 것이었습니다. 그중에 가장 큰 위로를 주었던 것은 말씀과 찬양이었습니다.

저는 어린 시절부터 내 생각과 의지가 아닌 내 속에서 뭔지 모르게 찬양이 끊임없이 흘러 나올 때가 많았습니다. 어느 때는 정말 너무 지칠 정도로 찬양을 하다 보니 그만 좀 불렀으면 좋겠다고 생각이 들 때도 있었습니다.

찬양도 이처럼 저와 가까이 했지만 말씀도 그랬습니다. 말씀의 뜻을 정확하게 이해하지 못하면서도 말씀이 어린 저에게 늘 가까이에 있었습니다.

초등학교 5학년 때에는 밤에 혼자 다닐 때 시편 23편을 허공에 선포하며 다녔습니다.

여호와는 나의 목자시니 내가 부족함이 없으리로다 그가 나를 푸른 초장에 누이시며 쉴만한 물가로 인도하시는도다 _ 시편 23편 1-1절

시편 23편을 중얼거릴 때 '사망의 음침한 골짜기로 다닐지라도 해를 두려워하지 않을 것은 주께서 나와 함께 하심이라 주위 지팡이와 막대기가 나를 안위하시나이다'라는 말씀을 읽을 때 이 말씀에서 '해'는 하늘에 떠 있는 해가 아닌데 지금 생각하면 얼마나 말씀을 이해하지 못했나 생각이 듭니다.

저의 어린 시절은 이처럼 말씀을 제대로 이해하지 못하면서도 말씀을 의지했던 거예요. 사실 그때는 내 안에 성령님께서 함께 하신 것을 몰랐습니다. 그래서 저는 매사에 "하나님 살아 계심을 보여 주세요"라고 자주 물으며 기도했습니다. 그럼에도 저는 변함없는 현실의 삶 속에 채워지지 않는 갈급함과 공허한 삶이 지속되었습니다. 하나님을 믿기는 했지만 살아서 역사하는 하나님을 변화된 내 삶을 느끼고 싶었습니다.

저의 어린 시절은 이렇게 흘러가고 있었습니다.

믿음으로 아브라함은 부르심을 받았을 때에 순종하여
장래의 유업으로 받을 땅에 나아갈새 갈 바를 알지 못하고 나아갔으며
믿음으로 그가 이방의 땅에 있는 것 같이 약속의 땅에 거류하여
동일한 약속을 유업으로 함께 받은 이삭 및 야곱과 더불어 장막에 거하였으니
이는 그가 하나님이 계획하시고 지으실 터가 있는 성을 바랐음이라

히브리서 11장 8-10절

## 2장

# 하나님을 만나 행복했던 청년 시절

# 믿음의 상속자

믿음의 상속자라는 단어는 육적으로 볼 때 엄마가 나에게 물려주는 믿음의 상속을 뜻합니다. 그러나 영적으로 바라보면 예수님께서 주신 믿음의 상속을 뜻합니다. 예수님을 구주로 영접하면서 저는 하나님의 자녀가 되었습니다. 그래서 하나님은 저의 아버지가 되십니다.

너희는 다시 무서워하는 종의 영을 받지 아니하고 양자의 영을 받았으므로 우리가 아빠 아버지라고 부르짖느니라 성령이 친히 우리의 영과 더불어 우리가 하나님의 자녀인 것을 증언하시나니 자녀이면 또한 상속자 곧 하나님의 상속자요 그리스도와 함께 한 상속자니 우리가 그와 함께 영광을 받기 위하여 고난도 함께 받아야 할 것이니라 _ 로마서 8:15-17

# 방언의 은사를 받다

저는 방언 은사를 너무 사모하는 마음이 생겨 방언 받기를 소원하는 기도를 드려왔습니다.

22살 때쯤 어느 날 금요철야예배를 갔습니다.

예배 말씀이 끝나고 다같이 통성으로 기도하던 순간에 갑자기 불덩어리같은 것이 바람을 타고 가슴에 '픽' 하고 들어오는 것이었습니다. 성령의 불이었습니다.

그 순간 주위의 모든 소리가 안 들리는 고요함 속에 저도 모르는 말을 중얼거리게 되었습니다. '감사합니다. 감사합니다. 하나님 감사합니다'라는 방언을 하고 있다는 것을 알게 되었습니다.

홀연히 하늘로부터 급하고 강한 바람 같은 소리가 있어 저희 앉은 온 집에 가득하며 마치 불의 혀처럼 갈라지는 것들이 그들에게 보여 각 사람 위에 임하여 있더니 그들이 다 성령의 충만함을 받고 성령이 말하게 제가 감사한다고 생각을 해서 말하는 것이 아닌 내 속에 있는 영이 감사를 외치고 눈에서는 눈물이 마구 쏟아져 내리고 콧물까지 마구 흘리며 기도하는 것이었습니다. 성령 체험을 한 이후 더욱 하나님을 찾아 기도하며 주님의 품에 가까이 가게 되었습니다. 저는 찬양을 사모하게 되었는데 성가대를 보면 누군가 '너의 자리가 저기 있다'라고 말하는 것 같았습니다. 저는 평촌 새중앙교회 성가대를 찾았고, 성가대에서 두 손 높이 들고 하나님께 경배하며 찬양하게 되었습니다. 그 어느 순간보다 즐겁고 행복했습니다.

그때는 다른 사람은 의식하지 말자. 나의 하나님 찬양 받아 주시옵소서. 하나님만 바라 보았습니다. 할렐루야.

그 후 주일 저녁예배를 인도하는 안디옥찬양단에 들어가 찬양단원으로 섬기게 되었습니다. 저는 하나님께 마음껏 온몸으로 찬양을 드렸습니다. 들에 핀 꽃이나 바다와 산 자연을 볼 때도 창조주 하나님의 손길이 신비스러워 쉴 새 없이 찬양을 올려 드렸습니다.

# 세 가지 기도응답과 사명

제 나이 스무 여섯, 직장이 문제였습니다. 저는 일반 직장을 다니다가 치과에서 한동안 간호조무사로 일을 하고 있을 때 미용사가 돈도 벌면서 전도하기 좋다는 말을 들었습니다. 그래서 미용을 시작했습니다. 너무 힘들었지만 나중에 나만의 숍을 차릴 생각으로 열심히 배웠습니다. 저는 매일 일을 끝내고 밤 9시 넘어서 교회로 가는 것이 점점 힘겨워 직장을 위해 기도하기 시작했습니다.

또 한 가지 문제는 말씀이 들어오지 않는 것이었습니다. 말씀을 들으면 한쪽 귀로 들어왔다가 다른 쪽 귀로 다 빠져나가 하나도 기억나는 게 없었습니다.

"하나님, 말씀을 알기를 원합니다." 방언 체험이 있었음에도 또다시 은혜를 갈구했습니다. 여전히 삶이 힘겹고 괴로운 심정이었지만 하나님은 저에게 말씀을 너무너무 사모하는 마음을 주셨습니다.

또 한 가지는 배우자 문제였습니다. 어느 날 창밖으로 연인이 다정하게 지나가는 모습을 보았습니다. 너무 아름다워 보이고 부러웠습니다. '나도 아름다운 사랑을 할 수 있을까?' 저는 그때까지만 해도 독신주의 자였습니다. 그런 제가 배우자를 놓고 기도할 마음이 생겼습니다.

이 세 가지 기도제목을 가지고 갈멜산기도원으로 들어갔습니다. 응답 받지 않으면 절대로 안 내려올 것을 각오하고 금요철야예배에 참석하였습니다.

예배가 끝나고 밤12시 자정이 거의 다 될 무렵부터 자유기도 시간이었습니다. 저는 무릎을 꿇고 아주 간절한 마음으로 기도하기 시작하였습니다. 보잘 것 없는 육신의 고통과 말씀 없는 자의 공허함은 주님을 향한 간절함으로 몰아갔습니다. 예수님께서 나를 구원하시기 위하여 십자가에서 죽으시고 부활하신 사건을 생각하며 모든 죄를 회개하게 하셨습니다. 회개 기도가 터져 나오면서 전 눈물 콧물 흘리며 더욱 간절한 마음으로 부르짖었습니다.

하나님! 하나님! 하나님께서 응답 안 주시면 절대로 이 자리에서 일어서지 않겠습니다. 무릎이 끊어지는 한이 있어도 절대로 안 일어나겠습니다. 하나님 응답하여 주시옵소서. 아버지, 아버지를 부르짖으며 얼마나 기도 하였을까요? 기도원에는 방석과 방석을 붙여서 바짝바짝 앉아야 할 정도로 많은 사람과 기도소리가 가득했었는데 갑자기 제 주위가 고요해졌습니다. 그때 누군가의 음성이 들려왔습니다. '아무 것도 염려하지 말아라.'라고.

아무것도 염려하지 말고 오직 모든 일에 기도와 간구로 너희 구할 것을 감사함으로 하나님께 아뢰라 그리하면 모든 지각에 뛰어난 하나님의 평강이 그리스도 예수 안에서 너희 마음과 생각을 지키시리라_ 빌립보서 4:6-7

'하나님 이신가요? 하나님이세요? 하나님이시면 다시 한 번 더 들려주세요.' 하나님의 음성인지 확실하게 확인하고 싶어 재차 물었습니다. 그 순간 감겨있던 내 눈 앞에, 오른쪽에서부터 왼쪽으로 글씨가 흘러 지나갔습니다. 너는 보는 것으로 믿느냐 보지 않고 믿는 자는 복 되도다.

예수께서 이르시되 너는 나를 본 것으로 믿느냐 보지 못하고 믿는 자들은 복 되도다 하시니라_ 요한복음 20:29

예수님이 의심 많은 도마에게 주신 말씀이었습니다. 그 순간 제 온몸을 휘감는 평안으로 머리부터 발끝까지 성령의 바람이 흘러 왔습니다.

평안이 온 몸에 들어왔고 말로 표현할 수 없는 기쁨을 경험하게 되었습니다.

평안을 너희에게 끼치노니 곧 나의 평안을 너희에게 주노라 내가 너희에게 주는 것은 세상이 주는 것 같지 아니 하니라 너희는 마음에 근심하지도 말고 두려워하지도 말라_ 요한복음 14:27

이것을 너희에게 이르는 것은 너희로 내 안에서 평안을 누리게 하려 함이라 세상에서는 너희가 환란을 당하나 담대하라 내가 세상을 이기었노라_ 요한복음 16:33

저는 감사가 터져 나왔습니다. 하나님 감사합니다. 하나님 감사합니다. 세상이 줄 수 없는 평안이 이것이구나. 참 평화를 맛보는 순간이었습니다. 말할 수 없는 희열에 눈물과 콧물이 엉킨 울음을 울면서도 계속해서 감사가 흘러 나왔습니다. 목마른 사슴처럼 갈급함으로 엎드렸더니 하나님께서 저를 불쌍히 여겨 주시고 바로 응답해 주셨습니다.
저는 그때 알았습니다. 조금도 거짓 없이 간절함으로 나아갈 때 중심을 보시는 하나님이시란 것을요. 전 그 이후로 신이 났습니다. 마냥 기분이 좋아서 뛰어 노는 송아지처럼 뭔지 모르게 모든 것이 다 기뻤습니다.

내 이름을 경외하는 너희에게는 공의로운 해가 떠올라서 치료하는 광선을 비추리니 너희가 나가서 외양간에서 나온 송아지 같이 뛰리라_ 말라기 4:2

저는 "아무것도 염려하지 말아라"라는 말씀을 붙잡고 기도하니 말씀이 믿어지고 삶이 변하기 시작하였습니다.

# 주님의 지혜를 받으며

청년부 강도사님께서 교회 청년들이 서로 나눌 수 있도록 삐삐 음성 통신방을 만드셨습니다. 저는 음성으로 매일 같이 은혜로운 하나님의 말씀을 올리게 되었습니다.

제 목소리를 들은 강도사님은 저에게 성탄 성극 총책임을 맡기셨습니다. 연극은 '증인들의 고백'이었는데 하나님께서 저에게 많은 지혜를 부어주시는 것을 느꼈습니다. 인물부터 무대환경, 분위기까지 진행의 모든 것이 바로 바로 떠올랐습니다. 저는 내레이션도 맡게 되었습니다.

저는 기도했습니다. '하나님! 저는 이 일을 감당할 수 없는 사람입니다. 너무 초라하고 어수룩한 자로 부족함이 많습니다.' 저의 부족함을 내어 드리고 하나님만 의지하며 순종하였습니다. 하나님의 은혜로 성극을 잘 마쳤습니다.

# 내 영혼아 찬양하라

　강도사님은 또 성극에 참여했던 사람들 같이 청년 찬양팀을 만들어 보자고 말씀하셨습니다. 그때까지 교회마다 목사님께서 찬양까지 혼자서 다 인도하시거나 구역별, 조별로 매주 찬양을 준비하여 예배에서 올려드리는 시대였습니다.

　우리는 '오병이어'라는 청년 찬양팀을 만들었습니다. 매주 화요일 저녁에 모여서 연습을 하고, 또 청년예배 시작 전에 연습과 기도로 하나님께 마음껏 찬양 돌리며 주님 앞에 나오기를 더욱 사모하게 되었습니다.

찬양하라 내 영혼아
찬양하라 내 영혼아
내 속에 있는 것들아 다 찬양하라

# 매일 모임을 하게 되다

그 후로도 제자반을 만들어 목요일 저녁 모임을 갖게 되었습니다. 저는 청년 임원이되어 회계를 두려운 마음으로 기도하면서 감당하였습니다. 임원 모임은 월요일에 모였습니다. 화요일은 찬양팀 연습모임, 수요일은 수요예배, 목요일은 제자훈련으로, 금요일은 직장 일 끝나고 바로 와서 목장 리더모임을 하고 금요철야예배를 드렸습니다.

토요일은 주일 저녁예배를 인도하는 안디옥 찬양단 연습이 있고, 또 청년 중에 수간호사였던 언니가 인도 선교사로 파송되었는데 후원 관리를 맡게 되어 틈틈이 짬을 내어 교회에 가야 했습니다.

하나님의 은혜로 자동차가 있는 형제님과 집 방향이 같아서 새벽예배까지 빠지지 않고 피곤이나 힘든 줄 모르게 즐겁게 다닐 수 있었습니다.

내게 능력 주시는 자 안에서 내가 모든 것을 할 수 있느니라_ 빌립보서 4:13

낮에는 미용실에서 일을 하고 매일 저녁이면 교회에서 모임과 기도를 마치고 집으로 가면 밤 12시가 넘을 때도 많았습니다. 주일은 성가대 연습으로 아침 9시까지 교회로 가서 11시 예배 끝나고 점심 먹고 이어 성가연습, 청년예배 그리고 기도실에서 저녁예배 시간까지 기도하며 하루하루를 바쁘게 보냈습니다. 그런 숨가쁜 생활은 제 힘이 아닌 성령님께서 함께해 주시며 힘을 주시고 기쁘고 담대하도록 은총을 내려 주셨기 때문에 가능했습니다.

# 직장을 인도하시다

저는 다니던 직장을 아무 생각 없이 그만두고 쉬고 있었습니다. 주일 예배가 끝나고 누군가가 직장 때문에 힘들지 않느냐며 걱정해 주었습니다. '염려하지 않아요. 하나님께서 응답해 주셨어요.' 담대하게 대답하는 저 스스로를 보고 놀라웠습니다. 너무나 편안한 마음으로 걱정없이 말을 했거든요.

항상 기뻐하라 쉬지 말고 기도하라 범사에 감사하라 이것이 그리스도 예수 안에서 너희를 향하신 하나님의 뜻이니라_ 데살로니가전서 5:16-18

저에게 이 말씀이 역사하는 것이었어요. 제가 기뻐해야지 해서 기뻐하는 것이 아니고 그냥 어떤 상황에서든 항상 기쁜 마음이 들었습니다. '쉬지 말고 무시로 기도하라'는 말씀은 눈을 감든지 눈을 뜨든지 어디서 무엇을 하든지 기도하게 하셨습니다. 악한 세상에서 마귀에게 틈을 주지 않으려면 기도를 호흡처럼 해야 함을 깨달았습니다. 그러다보니 범사에 감사할 수 밖에 없습니다.

기도 응답받은 지 일주일이 다 지난 금요일 점심시간, 친구 집들이가 있어 모임에 가게 되었는데 삐삐에 호출번호가 찍혀있었습니다. 전화를 해보니 예지미용실이라며 저녁 8시까지 일하는 곳이라는 안내였습니다. 일자리 알선하는 곳에 연락한 적이 없는데 저의 전화번호를 아는 것이 정말 이상했습니다. 아무튼 8시까지 한다는 말에 한번 가보겠다고 했습니다.

토요일 교회 가서 강도사님께 말씀 드렸더니 부장 집사님 사업장에 경리 자리가 있으니 알아봐 주신다고 미용실에 가지 말고 기다려 보라고 하였습니다. 월요일 아침, 강도사님의 전화는 없고 미용실의 면접시간은 다가와 기도를 하였습니다. 하나님 어느 곳으로 가는 것이 주님이 인도하시는 길입니까?

전화가 왔습니다. 부장 집사님과 연락이 안되어서 연락이 늦었다며 더 기다리라는 강도사님의 전화였습니다. 저는 다시 확실한 응답을 받고 싶어 기도하였습니다. 하나님! 하나님께서 인도해 주신 곳이 강도사님께서 소개해 주신 곳이라면 연락이 오게 해 주시고 미용실에서 일하는 것이 인도해 주신 것이라면 없었던 일로 해 주세요.

*내게 이번만 양털로 시험하게 하소서 원하건대 양털만 마르고 그 주변 땅에는 다 이슬이 있게 하옵소서 하였더니_ 사사기 6:39b*

저는 그때 미용이 전도와 선교하기 좋은 직업이라 마음에 들기는 했지만 사람들 보기에 조금이라도 괜찮은 곳에 가고 싶었습니다. 그때는 미용이 3D 업종으로 인식이 별로 안 좋았던 시절이었습니다. 일단은 시간에 맞춰 미용실 면접을 가면서 계속 기도했습니다.

미용실은 작은 곳이었습니다. 원장님은 저를 보고 앉으라고 하더니 성경책을 앞에 놓고 '구원의 확신이 있으세요?'라고 묻는 것이었어요. 그리고 성경말씀을 읽으며 예수 그리스도는 우리 죄 때문에 죽으시고 부활하시여 천국 가는 길을 열어 주신 구원자라는 복음을 말하는 것이었습니다. 월급이라든가, 면접에 해당되는 말은 전혀 없이 구원과 하나님의 사랑에 대한 말씀만 하셨습니다. 저는 깜짝 놀랐지만 왠지 좋은 느낌이 들었습니다. 이야기를 마친 원장님은 다음날부터 출근하라며 면접을 마쳤습니다.

다음날이 되어 출근하였지만 아직까지 강도사님께서는 부장 집사님과 전화통화를 못하였다고 기다려보라고 했습니다. 저는 그 순간에도 계속적으로 기도하였습니다. 하나님, 주님의 뜻이 제가 미용실에서 일하는 것이라면 강도사님과 있었던 일들이 없었던 일로 해 주세요. 시간이 조금 지난 후에 강도사님에게서 전화가 왔습니다. 부장 집사님이 말레이시아에 있는 사업장에 계셔서 연락이 안된다는 것입니다. 문제의 답변에 맞추어 기도하게 하시고 또 그렇게 응답하셨다는 생각에 감사 기도를 드리고 미용실에서 일을 하기로 마음 먹었습니다.

# 전도하는 사업장

미용실을 다니면서 전도하는 현장을 지속적으로 보게 되었습니다. 놀라웠던 일은 자살하려고 무작정 버스를 타고 가다가 문득 차에서 내려 걷는데 미용실 간판이 눈에 띄어 들어 왔다는 것이었습니다. 죽기 전에 머리나 할까 하고 들어왔다가 복음을 듣고 예수님을 영접하고 변화를 받아 교회에 나가게 된 사람도 있었습니다.

또한, 무당으로 접신한 사람이 머리하러 왔다가 말씀을 듣고 영접함으로 그의 남편과 함께 교회를 다니는 것을 보기도 하였습니다. 그들은 교회 갈 때부터 꿈을 꿨는데 구렁이가 마루 밑에 똬리를 틀고 있는 꿈이었어요. 아내도 남편도 각자가 이 꿈을 꾸었다며 자기들이 섬기던 것이 자신들을 괴롭히는 사단 같다고 하였습니다. 그래서 원장님이 다니는 교회 목사님과 전도사님이 무당집에 찾아가 예수의 이름으로 결박기도를 하였습니다. 그곳에 붙어있는 사단의 형상을 다 뜯어내고 묵주만 내게 보여주기 위해 가지고 오셨습니다.

그렇게 복음의 놀라운 역사가 성경책에만 나오는 일들이 아니라는 것을 하나님은 저에게 보여 주셨습니다. 매일같이 영접하는 사람들이 늘어났고 저 또한 어떻게 전도를 해야 하는지도 알게 하셨습니다.

# 꿀송이보다 단 성경말씀

미용실에 출근하여 시간이 날 때마다 성경책을 보게 되었는데 놀라운 일들이 일어났습니다. 성경말씀이 쉽게 눈에 쏙쏙 들어오며 재밌게 읽혀지고 믿어지게 되었습니다.

그리고 성경 속에 등장하는 인물 한 사람 한 사람의 이름과 행한 일들이 기억에 남게 되었습니다.

이에 이르되 가나안은 저주를 받아 그 형제의 종들의 종이 되기를 원하노라_ 창세기 9:25

하나님이 야벳을 창대하게 하사 셈의 장막에 거하게 하시고 가나안은 그의 종이 되게 하시기를 원하노라 하였더라_ 창세기 9:27

노아의 자손이 족속들이요 그 세계와 나라 대로라 홍수 후에 이들에게서 땅의 열국 백성이 나뉘었더라_ 창세기 11:10-32

그때에 이스라엘에 왕이 없으므로 사람이 각각 그 소견에 옳은 대로 갑자기 사무엘, 사울왕, 다윗왕, 솔로몬, 엘리야 등의 인물에 대해 더 깊이 알고 싶어졌습니다.

아담에게 원죄가 들어가 인간은 멸망할 수밖에 없었는데 예수님께서 십자가의 죽으시고 부활하심으로 모든 죄를 사해졌습니다. 생명을 살리신 예수님이 오시기까지 시대마다 여호와를 경외하는 한 사람씩이 세워져 지금까지 이어져 온 것을 알고 나니 성경 말씀에 더욱 빠져들게 되었습니다. 말씀이 꿀송이 보다 달다고 하는 것을 체험하게 되었습니다.

우리를 죄에서 구원하시려고 십자가에 달려 죽으시고 삼일 후 부활하신 예수님, 우리를 구원하시기 위하여 이 땅에 다시 오신다고 약속하신 재림 주 예수그리스도, 하나님께서 우리를 사랑하시어 흠이 없으시고 아무 죄가 없으신 예수님을 이 땅에 보내신 그 놀라운 사랑을 깨닫게 되었습니다. 성경말씀을 읽어가면서 회개의 눈물과 감사의 눈물이 마구 흘렀습니다.

그가 찔림은 우리의 허물 때문이요 그가 상함은 우리의 죄악 때문이라 그가 징계를 받으므로 우리는 평화를 누리고 그가 채찍에 맞으므로

우리는 나음을 입었도다_ 이사야 53:5

　너무나도 달콤하고 재미있어서 성경을 읽고 또 읽었더니 일곱 번을 이어서 통독하게 되었습니다. 그러고나니 매 순간마다 끊임없이 기도하게 되어졌습니다. 내 마음 깊은 곳까지 울리는 말씀의 찬양이 무시로 나와서 너무 즐겁고 행복해졌습니다.

　예수께서 이르시되 나는 생명의 떡이니 내게 오는 자는 결코 주리지 아니할 터이요 나를 믿는 자는 영원히 목마르지 아니하리라_ 요한복음 6:35

　계속적으로 말씀을 보게 되었습니다. 즐겨보던 드라마나 영화 등을 쳐다보지도 않게 되었습니다. 하나님 말씀을 알아가면서 정말 귀중함이 무엇인지 알았기에, 허탄한 곳에 가지 않으며 마음을 빼앗기지 않으려고 노력하며, 세상 사는 이야기에 별 흥미가 느껴지지 않고 재미도 없었습니다.
　하나님 나의 모든 죄를 사하여 주옵소서. 내 영혼을 깨끗하게 씻어 정결하게 하옵소서. 주의 음성 만을 듣고 순종하며 따라가기 원합니다.

# 복음 전도자로 세우신 하나님

저는 미용실에서 손님 머리를 하기 전에 먼저 꼭 하나님께 기도를 하였습니다. 내가 서 있는 곳이 세상의 끝자락에 있다는 마음으로 전도하였습니다.

'하나님 오늘도 죽어가는 한 영혼을 저에게 붙여 주옵소서. 저의 입술을 주장하셔서 꼭 해야 할 진리의 말만 전하게 하시고, 그 영혼이 마음을 열어 듣게 하시고, 우리의 구원자 예수 그리스도를 그의 마음에 영접하게 하옵소서.'

오직 성령이 너희에게 임하시면 너희가 권능을 받고 예루살렘과 온 유대와 사마리아와 땅 끝까지 이르러 내 증인이 되리라 하시니라_ 사도행전 1:8

기도 가운데 한 영혼에게 머리를 손질하면서 말씀을 전했습니다. 하나님이 우리를 사랑하사 독생자이신 예수님을 이 땅에 보내 주사 십자가에 못 박히시고 삼일 만에 다시 사시고 다시 오실 예수님을 증거하며 예수님을 마음에 모셔야 한다고 전했습니다. 그는 예수님을 구주로 영접하였고, 집에서 가까운 교회를 안내 해 주니 얼굴도 환해지고 고마워하였습니다.

주 여호와의 영이 내게 내리셨으니 이는 여호와께서 내게 기름을 부으사 가난한 자에게 아름다운 소식을 전하게 하려 하심이라 나를 보내사 마음이 상한 자를 고치며 포로 된 자에게 자유를, 갇힌 자에게 놓임을 선포하며_ 이사야 61:1

베드로를 고넬료의 집으로 인도하시고 베드로가 말씀을 전할 때 온 집에 성령의 축복이 임한 것 같이 우리의 모든 만남도 주님의 인도하심인 줄 믿습니다.

보혜사 곧 아버지께서 내 이름으로 보내실 성령 그가 너희에게 모든 것을 가르치고 내가 너희에게 말한 모든 것을 생각나게 하리라_ 요한복음 14:26

전도에는 예수 그리스도를 믿는 믿음과 말씀을 아는 지식과 구원의 감사와 하나님을 의지함과 진리를 분별할 수 있는 분별력과 만남의 인도하심의 은혜가 있습니다. 모두 성령님의 역사와 축복이 임한 것입니다. 또한 저는 왕 같은 제사장이라는 말씀이 떠올랐습니다.

그러나 너희는 택하신 족속이요 왕 같은 제사장들이요 거룩한 나라요 그의 소유가 된 백성이니 이는 너희를 어두운 데서 불러내어 그의 기이한 빛에 들어가게 하신 이의 아름다운 덕을 선포하게 하려 하심이라_ 베드로전서 2:9

우리의 씨름은 혈과 육을 상대하는 것이 아니요 통치자들과 권세들과 이 어둠의 세상 주관자들과 하늘에 있는 악의 영들을 상대함이라 그러므로 하나님의 전신 갑주를 취하라 이는 악한 날에 너희가 능히 대적하고 모든 일을 행한 후에 서기 위함이라 그런즉 서서 진리로 너희 허리 띠를 띠고 의의 호심경을 붙이고 평안의 복음이 준비한 것으로 신을 신고 모든 것 위에 믿음의 방패를 가지고 이로써 능히 악한 자의 모든 불화살을 소멸하고 구원의 투구와 성령의 검 곧 하나님의 말씀을 가지라 모든 기도와 간구를 하되 항상 성령 안에서 기도하고 이를 위하여 깨어 구하기를 항상 힘쓰며 여러 성도를 위하여 구하라 또 나를 위하여 구할 것은 내게 말씀을 주사 나로 입을 열어 복음의 비밀을 담대히 알리게 하옵소서 할 것이니_ 에베소서 6:12-19

그 이후 저는 계속해서 전도를 하였고, 주님이 먼저 사람의 마음을 만지시어 평안하게 복음을 듣고 전할 수 있게 하셨습니다. 복음을 전할 때마다 저의 마음은 뜨거웠습니다. 전하는 자의 입술과 발걸음이 가벼워 행복했습니다.

예수께서 이르시되 내가 곧 길이요 진리요 생명이니 나로 말미암지 않고는 아버지께로 올 자가 없느니라_ 요한복음 14:6

# 어느 곳에서든지 말씀을 전하는 삶

어느 주일 아침 성가대 연습에 늦어서 택시를 타고 교회에 가는 중 택시 기사님께 복음을 전했습니다. 어릴 때 한두 번 교회를 나갔던 분이었는데 가는 길 10분 동안 복음을 듣더니 교회 앞에 차를 세우고 예수님을 영접하고 앞으로 교회 다니겠다고 했습니다. 또 한 번은 미용실에서 한 청년이 복음을 듣고 영접하고 난 후 남동생과 여동생도 데리고 와서 같이 복음 듣고 영접기도를 했습니다. 이처럼 전도는 여러 곳에서 또 다른 방법으로 쉽게 쉽게 이루어졌습니다.

평촌 새중앙교회 청년인 제가 제자훈련을 받고나서 주님께서 말씀을 전하는 제자로 삼아주셨습니다.

기도를 계속하고 기도에 감사함으로 깨어 있으라 또한 우리를 위하여 기도하되 하나님이 전도할 문을 우리에게 열어 주사 그리스도의 비밀을 말하게 하시기를 구하라 내가 이 일 때문에 매임을 당하였노라 그

리하면 내가 마땅히 할 말로써 이 비밀을 나타내리라_ 골로새서 4:2-4

그러므로 우리가 여호와를 알자 힘써 여호와를 알자 그의 나타나심
은 새벽 빛 같이 어김없나니 비와 같이, 땅을 적시는 늦은 비와 같이 우
리에게 임하시리라 하니라_ 호세아 6:3

이즈음에 저는 교회에서 하는 제자반, 전도훈련 등 말씀과 기도 훈련
을 가능한대로 다 참석하려고 했습니다.

그렇게 살다보니 세상 것은 정말 재미가 없었습니다. 미용일은 고되
었지만 하나님께서 감당할 힘을 주셨습니다. 8시에 일이 끝나면 바로 교
회로 가서 모임과 예배에 참석하였지만 전혀 피곤하지 않았습니다. 어
두움의 세력을 물리치신 주님이 저에게 육신의 힘과 영의 힘을 부어 주
시고 계신 것을 맛볼 수 있었습니다.

# 이상한 체험

말씀을 너무나 사모하던 중에 지인으로부터 장로님들이 모여서 말씀을 가르치는 곳이 있다는 말을 들었습니다.

느낌은 별로 좋지 않지만, 지인이 혹시 잘못된 곳에 가는 것은 아닌가 염려도 되어 직접 가서 분별해 보기로 했습니다. 다음 날, '하나님, 오늘 가는 곳이 하나님의 말씀이 있는 곳이면 내 영의 귀를 열어 듣게 하시고 아니면 내 귀를 막아 듣지 못하게 하옵소서'라고 기도하고 담대하게 그곳을 향했습니다.

귀 있는 자는 성령이 교회들에게 하시는 말씀을 들을지어다_ 요한계시록 2:29

맨 앞에 앉아서 듣는데 지금까지 제가 들어보지 못한 말씀들이었습니다. 그 중 몇 가지만 예를 들면 구원은 행함으로 받는다는 것이고, 계시록에 나오는 네 개의 천국 문은 우리나라 국기에 네 군데 모서리와 똑같다는 것입니다. 그리고 우리나라를 택하신 이유와 우리나라에 재림주로 오신다는 것 등, 말씀이 좀 이상하다는 생각이 들었습니다. 그 날따라 졸음으로 노트엔 지렁이가 꿈틀꿈틀거릴 뿐 잘 들리지 않았습니다. 저는 교회에서나 어느 곳에서도 말씀 들을 때 졸지 않는데 너무 이상하여 다음 날 다시 한 번 더 가보기로 했습니다. 혼자가기 좀 그래서 교회 언니와 같이 갔습니다. 그곳에는 20명 정도 사람들이 모여 있었고, 우린 맨 앞줄에 앉아 예배시간을 기다렸습니다. 찬양을 하고 난 후 말씀 전하는 분이 나왔습니다. 말씀을 들으려고 하는데 갑자기 제 머리가 아파오며 어지럽고 눈도 아프고 두통이 심하게 오는 것 같았습니다. 말씀 전하는 자의 목소리가 테이프 늘어지듯 웅얼 웅얼하게 들리면서 머리는 빙글빙글 돌며 어지럽고 아파오더니 그 자리에 엎드려 기절하고 말았습니다. 옆에 있던 언니가 제 이름을 부르며 흔들어 깨웠습니다. 저는 정신이 든 동시에 스프링처럼 튕겨지듯이 벌떡 일어났습니다. 사람들은 일시에 저를 보았고, 저는 밖으로 나왔습니다. 밖에서도 머리가 아프고 어지러워서 쪼그리고 앉아 있다가 정신을 가다듬어 어떻게 해서든 말씀을 조금이라도 들으려고 들어가 맨 뒤 빈자리에 앉았습니다.

내 눈에는 자욱한 안개가 끼어 앞에 서있는 사람이 안 보이고 눈을 찡그려야 희미하게 형상만 간신이 보이는 듯 했습니다.

저는 한 말씀이라도 들어보려고 안간힘을 썼지만 말씀과 찬양이 다 끝나도록 눈과 머릿속의 안개는 걷히지 않았습니다. 주기도문을 끝으로 예배를 모두 마치자 눈에 낀 안개가 천천히 양옆으로 사라지고 눈앞이 깨끗해 보이고 아팠던 두통도 한순간에 사라졌습니다.

저는 그제서야 주님께서 내 기도소리에 응답하여 주신 것임을 깨달았습니다.

내가 사망의 음침한 골짜기로 다닐지라도 해를 두려워하지 않을 것은 주께서 나와 함께 하심이라 주의 지팡이와 막대기가 나를 안위하시나이다_ 시편 23:4

사실 저는 집에서 나오기 전 기도를 했었습니다.

'주님 오늘 가는 곳이 주님이 인도하시는 곳이면 잘 들을 수 있도록 귀를 열어 주시고 그렇지 않고 잘못된 곳이거든 귀를 닫아 듣지도 못하게 해 주시옵소서. 예수그리스도 이름으로 기도드립니다. 아멘!'

저는 같이 간 언니에게 살아계신 하나님이 저의 기도를 응답하셨음을 나누고 싶은 마음을 감출 수가 없었습니다. 언니에게 아침에 기도하고 나온 이야기를 하였습니다. 기절했던 나를 옆에서 흔들어 깨워주며 언니에게도 살아계신 하나님을 체험하게 하신것 같습니다.

그 후로 언니는 더욱 열심히 주의 은혜로 교회에서 봉사하며 주님의 일을 사모하고 살았습니다. 저 또한 더욱 힘써 전도를 하게 되었습니다. 제 힘이 아닌 하나님께서 공급해 주시는 힘으로 말입니다.

저는 교만해질까 두려운 마음으로 매일 기도하였습니다. '겸손하게 하시옵소서. 내 지은 죄 사함 받게 하시옵소서. 주께만 영광과 찬양과 경배 드리오니 받으시기에 합당하신 하나님께 마음과 생각과 영혼을 드립니다.'

# 청년부를 떠나며

저는 제가 만난 하나님을 간증하고 싶었습니다. 언제쯤이 좋을지를 항상 생각하며 기도해 왔습니다. 그러던 중 결혼으로 인하여 청년부 마지막 예배를 드리는 날, 그동안 생각했던 저의 마음을 전해야겠다는 생각을 갖게 되었습니다. 저의 자랑이 아닌 정말 하나님의 살아계심을 간증하고 싶었습니다. 그래서 저는 비로써 그동안 하나님께서 부어주신 은혜의 간증을 사도바울이 갈라디아서를 통해 예수 그리스도의 십자가 외에 자랑할 것이 없다는 고백처럼 청년부에서 나누게 되었습니다.

저는 그동안 살아계신 하나님이 저를 어떻게 인도하셨는지를 중심으로 나누었습니다. 먼저 저는 하나님께서 지난 2년 동안 '아무것도 염려하지 말아라'라는 음성을 주신 사실을 나누는데 청년들은 모두 놀라워하며 공감했습니다. 무엇보다 전도의 삶을 나누었는데 그 당시 공원에서 노방전도를 하였습니다. 사마리아 여인이 예수님을 만나고 나서 복음을 전했던 것처럼 말입니다.

# 나의 작은 숨소리들

저는 위에서부터 내려오는 왕관을 두 손으로 받아 머리에 쓰면서 '의의 면류관, 의의 면류관'이라는 소리을 들으면서 잠에서 깨어났습니다.

요즘 하나님의 품이 느껴져 너무 좋습니다. 주님은 나의 치료자, 나의 구원자, 나의 친구이시며 나의 목자이시며 나의 아버지이시며 나의 예수 그리스도이시며 나의 신랑이십니다. 나의 모든 것 채워 주시고 풍부함으로 나를 덮어주십니다.

머리부터 발끝까지 성령으로 충만하니 행복하고 감사했습니다. 주님 한 분만으로 감사하게 하신 주님! 그러니 내 모든 것 책임져 주십니다. 나는 내 하나님 아버지 예수 그리스도만 의지하며 따라갑니다. 말씀으로 성령 충만함을 부어 주시니 반석으로 요동함이 없게 하옵소서. 내 모든 것 되신 주님! 주님을 찬양하며 경외하며 사랑합니다. 나의 주 나의 하나님! 예수 그리스도 이름으로 기도 드립니다. 아멘.

나의 하나님 전지전능하신 하나님! 주님 품속에 안겨 주님께 품어지기를 원해요. 주님 품 안에 파고드는 저 꼭 안아주세요. 사랑합니다. 나의 하나님 나의 신랑 예수 그리스도이시여!

낙타와 바늘귀의 비유를 들었습니다. 힘겨움과 고난은 있습니다. 낙타는 중동에서 소와 같은 가축입니다. 소는 인간에게 이로운 동물입니다. 살아있는 동안 사람들을 위해 충성을 다하고 죽어서 음식으로 가죽은 옷과 가방 여러 가지 쓰임을 받습니다. 낙타도 중동 이스라엘에서 그렇습니다. 사람을 태우고 먼 거리까지 짐을 나르고 평생을 살다가 죽으면 살은 사람이 먹고 가죽과 털은 가방이나 실로 만들어져서 바늘귀에 통과할 수 있을 정도로 죽어서도 쓰임을 받습니다.

예수님의 비유, 오랫동안 묵상을 많이 해왔던 말씀입니다. 낙타는 바늘귀에 들어가기까지 끝까지 선한 영향력을 가지고 있고 부자가 천국에 못 들어가는 이유는 그렇게까지 못하기 때문일까요. 모든 사람이 쉽지 않습니다. 그래서 길이요 진리요 생명이신 예수님을 믿어야만 구원받을 수 있는 길을 열어 주셨습니다. 참 쉽습니다. 믿기만 하면 된다고 하시니까요. 구원은 선물입니다. 그 선물을 받으려면 보이지 않는 것을 믿는 믿음을 요하십니다. 어떠한 모습으로 살더라도 괜찮다 하십니다. 그 선물을 받고 나면 성령의 역사로 변화되기 때문입니다.

하나님께서 나를 웃게 하십니다. 고난이 고난으로 보이지 않고 주님의 말씀 의지하여 매일 묵상할 때 내 영혼이 회복되어 웃게 하십니다. 예수 그리스도 때문에 살아났습니다. 행복하게 내 영혼이 웃고 있습니다. 하나님 아니고선 나를 이렇게 행복하게 만드는 다른 이유는 없습니다. 감사합니다. 행복합니다. 영원토록 주님을 찬양합니다.

작은 일에 충성하였으니 네 수치를 걷어가겠다 하십니다. 구역식구 한 분의 등에 손을 얹고 중보기도를 하게 되었습니다. 제 손을 통해서 등이 뜨거워지며 불을 받았다고 하는 것이었습니다. 이렇게도 역사가 있구나! 기쁨이었습니다.

나는 여호와라 나 외에 다른 이가 없나니 나 밖에 신이 없느니라 너는 나를 알지 못하였을지라도 나는 네 띠를 동일 것이요 해 뜨는 곳에 서든지 지는 곳에서든지 나 밖에 다른 이가 없는 줄을 알게 하리라 나는 여호와라 다른 이가 없느니라_ 이사야 45:5-6

시간은 흘러갔고, 교회에서 성가대로, 주님의 증인으로 직장생활을 하면서 살아가고 있었습니다.

어느 날 성경을 보고 있는데 룻과 보아스의 만남을 기도하게 하였습니다. 예수님 오시기까지의 믿음의 통로, 축복의 사람을 위해, 계속 생각나고 그런 사람을 만나고 싶은, 사모하는 마음으로 기도 하였습니다.

하나님 믿는 믿음이 큰 영적 통로, 육적 통로인 사람과의 우연한 만남을 통해 축복의 통로로 쓰임 받은 룻과 보아스. 그런 믿음의 동역자와의 만남을 위해 기도를 하였습니다. 내게 하나님의 중매로 그런 사람을 보내 주시어, 내 주위 많은 사람에게 하나님의 살아계심을 저를 통하여 보도록 역사하여 주실 것을 기도하였습니다. 믿음은 바라는 것들의 실상이요 보지 못하는 것들의 증거니 그러한 만남을 이루어 주실 주님께 미리 감사드립니다. 다가오는 사람 정말 그 사람이 주님이 보내 주신 사람인지 살펴보며 주님 안에서의 행복한 믿음의 가정을 기대하며 기도하였습니다. 그리 아니하실지라도 저에 대한 계획하심을 인도하심을 믿고 나아갑니다. 주님은 저에게 사랑한다고 항상 말씀해 주십니다. 그 사랑이 너무 좋아 저도 사랑해요, 감사해요, 내 영혼이 얘기하고 있는 것을 느낍니다.

믿음으로 사라 자신도 나이가 많아 단산하였으나
잉태할 수 있는 힘을 얻었으니 이는 약속하신 이를 미쁘신 줄 알았음이라
이러므로 죽은 자와 같은 한 사람으로 말미암아
하늘의 허다한 별과 또 해변의 무수한 모래와 같이
많은 후손이 생육하였느니라

히브리서 11장 11-12절

**3장**

# 시련을 믿음으로 이겨 낸 결혼생활

# 주님께서 인도하신 만남

제 나이 스물여섯, 저에게 관심을 보이는 형제도 많았고 형제들과 잘 어울리긴 했지만 아직은 남자가 부담스러웠던 것 같습니다. 저는 서른 살까지도 제 마음에 생각했던 배우자가 안 나타나면 결혼은 하지 않고 주님의 일에 힘쓰겠다고 생각했습니다.

기도원에서 기도 중에 "아무것도 염려하지 말아라"라고 하는 음성을 듣던 그해 겨울 12월 20일경 친오빠가 교회 다니는 형제가 있는데 한 번 만나보라는 것이었습니다. 먼저 번에 오빠가 소개한 남자에게 교회를 안 다닌다는 이유로 거절한 적이 있었던 터라, 이번에 또 거절하기 미안한 마음이 들었습니다.

그때는 하나님이 너무 좋고 하나님을 알아가는 일이 제일 신났던 나를 보고 오빠는 염려가 되었나 봅니다. 두 번씩이나 오빠의 성의를 거절할 수 없어서 12월 26일 저녁 7시에 그 형제를 보기로 약속했습니다. 당일 약속시간보다 30여분이나 늦게 온 그가 앉아있는 나에게 인사를 하였습니다.

'안녕하세요?' 제가 올려다보는 순간, 그의 얼굴 전체가 빛이 나는 것입니다. 이런 것이 첫눈에 반한다는 것인가? 그래도 저는 첫눈에 반한 것과 상관없이 그가 교회를 다니는 사람일지라도 구원의 확신이 있는 하나님의 자녀임을 알고 싶었습니다. 그는 구원의 확신이 있다고 고백을 했고, 자리를 옮겨 저녁식사를 하면서 하나님은 우리의 아버지이심을 함께 이야기 했습니다.

그가 내 짝이라면 서로 말씀을 나누며 대화하기를 좋아할 것이라 믿었습니다. 이틀이 지난 후 우리는 다시 만나게 되었습니다. 저는 미용실에서 전도하여 예수님을 영접한 사람들을 통한 은혜를 나누고 말씀을 나누는 것이 즐거웠습니다.

그는 나를 만나기 전에 공허함과 말씀의 사모함이 간절했었다고 말했습니다. 그 말을 듣는 순간 하나님께서 형제를 만나게 해 주셨다는 것을 알았습니다. 우린 일주일에 네 번 정도를 만나면서 2년여를 교제했습니다. 보고 싶다면 새벽에라도 용인에서 평촌까지 달려와 주는 사람이었습니다. 먹고 싶은 것이 있다고 하면 어디서라도 구해 와서 아침 출근길에 우편함에 편지와 함께 넣고 갈 정도로 자상하고 세심한 사람이었습니다. 그는 퇴근 후 안양까지 와서 저를 기다렸다가 교회에 태워다 주고,

용인 집으로 가는 고마운 사람이었습니다. 토요일에는 점심시간 조금 지나 출출할까봐 만두 등 맛있는 것을 사오는 열정까지 보여 주었습니다. 요즘은 문자를 하지만 그 시절에는 주로 편지를 주고받았습니다.

to. 예쁜 사람에게 아니 더 예쁜 사람에게!

　오늘은 어떤 하루를 보내셨는지 안부부터 물어봅니다. 세상에는 모든 만물들에게 그 피조물들에게 가장 아름다울 때가 있지요. 그 아름다운 때 중 오늘도 우리 은주 씨는 그 꽃을 피우러 가시겠죠. 그래요 오늘도 가는 곳에 주님의 간증이 있길 기도해요. 어느덧 봄 향기 속에 들어와 그 계절의 아름다움을 느꼈지만 알게 모르게 생각이 들게 하는 것들이 있는 것 같아요. 파랑새를 찾아 나선 어린아이와 같이 한 해의 꿈 또한 적잖았는데 무작정 보낸 석 달간이 아니었나 하고요. 그런 생각의 시간 속에 은주 씨의 모습이 때로는 기쁨 속의 은혜로 때론 아주 큰 위안으로 내게 있답니다.

　우리는 결혼 전까지 계속적으로 사랑의 세레나데를 만남 외에도 편지를 통해서도 나누었습니다. 서로를 진정으로 사랑했고, 서로의 아픈 상처까지 감싸주며 위로하고 이해하며 사랑했습니다. 물론 살아왔던 환경이나 성격 차이로 여러가지 사소한 감정을 이해 못하는 부분도 있었습니다.

어찌보면 좋아하는 음식이나 운동부터 성격까지 서로 달라서 신앙 외에는 맞는 것이 별로 없는 거 같았습니다. 주님 안에서 기도하며 말씀을 나누고, 예배드리는 기쁨을 나눌 수 있는 공통점이 만남을 계속 이어가게 했습니다.

우리가 알거니와 하나님을 사랑하는 자 곧 그의 뜻대로 부르심을 입은 자들에게는 모든 것이 합력하여 선을 이루느니라_ 로마서 8:28

두 살 차이인 우리는 2년이라는 연애 기간을 보내고 제 나이 29살에 결혼을 하였습니다.

# 아기가 태어나다

　결혼을 하고 어지러워서 병원에 가서 진찰해 보니 임신 3주였습니다. 너무 놀랍고 신기하고 한편 당황스럽기도 했지만, 배 속의 아기와 신혼의 달콤함을 함께하며 행복한 나날을 보냈습니다.

　매일 아침 아기를 기도로 축복하고 성경을 읽어주며 찬양으로 함께 하나님께 영광 돌리면서 잠들 때까지 아기를 위해 남편을 위해 주님께 기도로 간구하며 지냈습니다.

　매달 병원에 가서 초음파를 보면 심장도 잘 뛰고 건강하다고 했습니다. 5개월쯤 되었을 때까지 태몽을 꾸지 못한 터라 기도를 하였습니다. 하나님 저에게 태몽을 꾸게 해 주세요. 세상의 사주팔자에 얽매이는 용 꿈같은 것이 아닌 하나님 자녀인 것을 확실히 알게 보여 주세요. 그렇게 기도하였더니 꿈을 꾸게 되었습니다.

　아기가 태어났어요. 아기를 보니 아빠 얼굴이랑 너무나도 닮아서 정말 아빠랑 똑같네. 눈을 가만히 들려다보니 눈동자만 엄마를 닮았네. 이렇게 말을 하며 아기를 흐뭇하게 바라다보고 있었습니다. TV 채널을 넘길 때 깜박거리며 순간에 화면이 넘어가듯이 아기를 보고 있는데 깜박거리더니 순간 아기가 성인이 되어 있었습니다. 30대 초반의 의젓하고 아빠보다 풍채가 조금 더 있고 마치 목사님 같은 평안하고 안정감 있는 성인의 모습이 보였습니다.

저는 꿈에서 깨어나서 남자아이라는 확신이 들었습니다.

12월 7일 0시 37분에 얼굴이 또렷하고 예쁜 아기가 태어났습니다. 남편은 태어난 아기를 보고 기뻐하며 내일 출근을 위하여 집으로 가고 엄마가 병원에 계셨습니다.

그날 새벽에 병원에서 보호자를 부르더니 아기가 이상하니 큰 병원으로 가보라고 했습니다. 저는 모유수유를 위해 모유를 짜서 모으고 있었는데 모유 한 번 못 물리고 신촌S병원으로 엄마와 아기만 병원차를 타고 가게 되었습니다. 그 시간에 남편은 병원과 집이 너무 멀어 빨리 올 수가 없었습니다.

엄마는 혼자 아기를 신촌S병원 신생아실에 입원시키고는 서울역에서 집으로 오는 시간에 전철이 끊어져 밤새 오돌오돌 떨다가 5시에 첫

전철을 타고 오셨습니다.

　엄마도 추위에 떨어서 몸 상태가 안 좋았지만 우선 아기가 걱정이 되었습니다. 배 속에 있을 때는 병원 갈 때마다 그렇게 건강하다고 들었는데 지금 상황이 이해가 되지 않았습니다.  아기는 선천성심장기형이라고 좌우가 바뀌었으며 신장에도 구멍이 조금 남았고 여러 가지 합병이 올 수 있다는 것이 었습니다. 저는 이 말을 들었을 때 분명 다른 아기 진찰한 것과 우리 아기의 것이 바뀌어 착오가 생긴거라 여겼습니다.

　산부인과에서 3일 후 퇴원을 하고 바로 신촌 병원으로 향했습니다. 그날 추위가 온몸으로 파고들었습니다. 남편은 직장 때문에 자주 나올 수 없었고 저는 매일 병원에 갔습니다. 아기를 안아보지도 못한 마음의 슬픔과 뼈 속까지 전해오는 엄동설한 매서운 추위는 저를 더욱 하나님께 호소하며 간구하게 하였습니다.

　그동안 엄마는 감기몸살을 심하게 앓았고  저는 출산 후 산후조리 없이 온몸에 바람이 들어가 다리는 천근만근 무거운 돌덩어리 같았고 몸이 너무 지치고 힘들어 있었습니다. 그때부터 저는 한여름에도 이불을 꼭 덮어야만 하고 손발이 시리고 아파 낮에는 손발에 아대를 끼고 다녀야 하고 허리에도 심한 고질병이 생겼습니다.

# 아기의 병원생활

일주일이 지나서야 아기를 집으로 데리고 왔습니다. 모든 것이 주의 손에 있으니 하나님께 맡기고 그저 아기와 함께있고 싶었습니다. 일주일 후 병원에서 수술을 권유하는 전화가 왔습니다. 수술 성공 확률이 높다 하여 다시 입원을 시켰습니다. 그런데 저희에게는 돈이 없었습니다. 결혼할 때 남편이 대출 받은 600만 원의 빚까지 있었습니다.

남편은 자신의 인생은 어릴 적부터 고난의 연속이었다고 말했습니다. 그래도 힘 주시고 의지할 분은 하나님이시라고 고백하며 교회에서도 인정 받고 무슨 일이든 열정을 다해 주님의 일에 헌신하였는데 남편은 이번 일로 깊은 시험에 빠졌습니다.

남편은 기도 하자며 먼저 무릎을 꿇었습니다. 우리는 주님의 뜻을 구했습니다. 주님! 우리에게 이러한 시험이 왜 온 것입니까? 우리는 돈도 없고 너무나도 힘이 듭니다.

그 후로 남편이 다니는 곳에서 우리 아기 소식을 듣고 잘 아시는 분의 손길로 인해 모금운동이 시작되었는데 천만 원이 조금 넘게 걷히게 되었습니다. 또 심장병 어린이 돕기에서 후원금 삼백 만원을 보내 줄테니 아기사진을 보내 달라는 것이 었습니다. 우린 친정집에 있는 사진기로 일주일간 아기 사진을 22번이나 찍었는데 한 장도 정확하게 나온 사진이 없었습니다. 다 뿌옇게 흐리거나 아기얼굴이 너무 작게 나왔습니다. 일회용 카메라로 다시 찍어 보았지만 아기 얼굴은 깨끗하게 보이지 않았습니다. 우리는 백화점에 가서 점원이 골라 주는 전문가용이면서 누구나 쉽게 찍을 수 있는 사진기를 큰맘 먹고 샀습니다. 그 사진기로 아기 사진을 찍어서 현상을 해보니 또한 마찬가지였습니다. 너무나 이상했습니다. 항상 잘 찍히던 집에 있는 카메라도 그렇고 새로 구입한 카메라도 아기 얼굴이 뿌옇게 나오거나 작게 나오는 것이 너무 이상했습니다.

다행히도 전신사진 딱 한 장이 잘 나온 것이 있어 그것을 제출하였습니다. 저는 워낙 사진 찍기를 좋아해서 사진을 잘 찍는 편인데 정말 이상한 일이었습니다. 아기 병원비는 도움의 손길로 힘들지 않았지만 처음 병원에서 말 한 것과는 반대로 수술하지 않았는데도 아기의 상태는 더욱 나빠졌습니다.

'하나님 살려주십시오.' 그렇게 기도 하는 중에 떠오르는 말씀이 있었습니다.

이르되 내가 모태에서 알몸으로 나왔사온즉 또한 알몸이 그리로 돌아가올지라 주신 이도여호와시요 거두신 이도 여호와시오니 여호와의 이름이 찬송을 받으실지니이다_ 욥기 1:21

태몽도 이상하고 사진도 안 찍히고 여러 가지로 이상하였지만 혹시 호적에 올리면 아기 상태가 호전되려나 싶은 간절한 마음으로 동사무소를 찾아갔습니다. 아기가 배 속에 있을 때 주님만 찬양하라는 의미로 주찬이라 이름 지었습니다. 한자로는 근원 주, 빛날 찬, 모든 곳에서 빛나라고 지은 이름입니다. 그런데 이상하게 동사무소에서 한자 근원 주는 호적에 올릴 수 없다는 것이었습니다. 그래서 다른 한자를 써서 임금 주, 찬양할 찬, 주님만을 찬양하라는 뜻으로 올렸습니다. 하지만 아기는 우리의 희망대로 되질 않았습니다.

이스라엘 자손 중에 처음 태어난 것은 사람이든지 짐승이든지 다 내게 속하였음은 내가 애굽 땅에서 모든 처음 태어난 자를 치던 날에 그들을 내게 구별 하였음이라 이러므로 내가 이스라엘 자손 중 모든 처음

태어난 자를 대신 레위인을 취하였느니라_ 민수기 8:17-18

태몽에 아기로 태어났다가 성인이 된 모습을 보여 주신 것은 나중에 하늘나라에서 쉽게 알아보라는 것이었습니다. 그리고 주님은 주님만을 찬양하는 자로 세상의 때를 안 묻히고 일찍 데리고 가셨던 것입니다.

아이는 그렇게 한 달 반 정도 병원에서 고통 속에 있다가 하나님 품으로 갔습니다.

중환자실에 아무 기력도 없는 아기를 바라보면서 아기 이마에 입을 맞추고 '아가야, 하나님만 바라봐. 아가야, 하나님만 바라봐. 알았지!' 라고 말해 주었습니다. 모든 일에 하나님께서 함께 하심을 믿으며 우리 부부는 부둥켜안고 울며 아기를 먼저 천국으로 보냈습니다.

여인이 어찌 그 젖 먹는 자식을 잊겠으며 자기 태에서 난 아들을 긍휼히 여기지 않겠느냐 그들은 혹시 잊을지라도 나는 너를 잊지 아니할 것이라_ 이사야 49:15

"늘 언제나 가까이 나와 함께 계신 주님, 우리가 항상 주님 품안에 거하기를 원하나이다." 항상 이 고백하며 위로를 받으며 살았습니다.

그 이후로 우리 부부는 둘째를 빨리 가지고 싶어서 노력을 해보았지만 세월이 흘러 5년이 지나고, 또 1년이 지나 병원에 다녀봐도 아기는 생기지 않았습니다.

남편과 저는 아기를 바라는 마음에 왜 이렇게 시련을 주시는지 기도원에 찾아가 하나님께 애원했지만 아기는 생기지 않았습니다. 이때까지도 저는 집안 문제만 보였지 제게 주신 사명은 잊고 있었습니다.

# 인내와 용서 그리고 담대한 사랑

결혼 후 7년은 우리의 계획과 너무 다르게 살게 되었습니다. 그래도 우리는 하나님을 의지하며, 또한 서로를 의지하며 가진 것은 없지만 잘 살아온 것 같았습니다. 가볍게 싸우기도 하고 성격차이로 잘 안 맞는 부분도 있었지만 그때마다 하나님께서는 나에게 말씀하셨습니다. "인내하라, 용서하라, 담대해라" 하나님은 저에게 너무나도 확실하게 들려주셨습니다. 이 세 가지는 지금까지도 저에게 말씀하고 계십니다. 항상 하나님은 이 말씀을 믿는 힘으로 모든 것을 거뜬히 이기게 해 주셨습니다.

예수께서 이르시되 네게 이르노니 일곱 번뿐 아니라 일곱 번을 일흔 번까지라도 할지니라_ 마태복음 18:22

결혼하고 2년간은 시댁식구와 같이 살다가 주택 1층으로 분가를 했습니다. 이 집은 창이 넓어서 햇살이 잘들어 왔으며 주인의 인상도 편안하고 좋았습니다. 2년간 살기로 전세계약을 했습니다. 그런데 3개월쯤 살았을까요? 우리 집 창 밑에 지하실 계단이 있었는데 갑자기 비바람이 들이친다고 비닐장판과 갈대돗자리로 우리 집의 유리창을 막기 시작했습니다. 우리가 이사 오기 전에도 비는 들이쳤을텐데. 그리고 지하실에 사람이 없는데 목탁소리와 염불소리가 계속 들렸습니다. 주인이 불교 테이프를 계속 틀어 놓고 있었던 것입니다. 영적싸움이 시작되고 말았습니다.

저는 항상 찬양을 부르거나 찬양 테이프를 틀어 놓고 하나님을 찬양하며 마음의 위로와 양식을 쌓는 것이 일상이었는데 주인이 그 소리가 싫었던 것입니다.

어느 날 장마철도 지나가고 해서 창밖을 보려고 했는데 바깥은 보이지 않았고, 햇빛과 바람마저 들어오지 않아 숨이 막힐 지경이었습니다. 도저히 안되겠다 싶어서 주인에게 "비닐장판을 치워주시면 안되겠습니까? 바람이 안 들어오고 밖이 안 보여서 어지럽고 답답합니다." 라고 정중히 부탁을 드렸습니다. 그러나 주인은 저의 부탁은 무시하고, 며칠 후 문 앞에 나가보니 작은 앞마당 개집 위에 어디선가 주워 온 부엌 식칼을 똑바로 세워 꽂아 놓고 몇 날 며칠을 위협하는 것 같았습니다. 그 칼을 보는 순간 섬뜩하고 가슴이 답답했습니다.

날이 갈수록 불안하고 조마조마하는 마음이 들어 이곳에서 2년을 살아야 하는 것이 막막했습니다. 저는 하나님께 무릎을 꿇고 기도하였지만, 그들이 점점 더 미워졌고, 문밖 출입을 못할 지경이었습니다. 커튼을 치고 집안에만 은둔하며 숨죽이고 눌린 가운데 살게 되었습니다.

칼이 안 보인다 싶어 문을 열고 나가보면 이번에는 눈에 더 잘 보이는 담장 위에 꽂아 놓았으니 저는 더 이상 살 수가 없었습니다.

주인이 너무 미웠습니다. 저를 너무 힘들게 만들었습니다. 저는 혼자였고, 남편이 퇴근하면 조금 참고 "조용히 살자"라는 말만 되풀이 했습니다. 저는 잘 참고 지내려다가도 불쑥불쑥 화를 내고 있었습니다.

집주인이 저의 마음을 조이기 시작했습니다. 너무나 괴로워 저는 동네 길을 걸으면서 "그들에게 저주의 말을 해서 모두 다 잘못되게 해야지"하는 마음까지 들었습니다. 그러나 한편으로는 하나님의 자녀인 내가 이런 악한 말을 해서는 안 된다는 생각이 들었습니다. 그때 십자가에 달리신 예수님께서 하신 말씀이 떠올랐습니다.

이에 예수께서 이르시되 아버지 저들을 사하여 주옵소서 자기들이 하는 것을 알지 못함이니이다 하시더라 _ 누가복음 23:34

말씀을 통해 '용서하라'라는 말씀이 들려왔습니다. 저는 용서하라는 음성을 듣고서 저도 모르게 불쌍하게 여겨지며 자비의 마음, 예수님의 마음을 가지게 되었습니다. 저들이 한 죄를 알지 못합니다. 하나님 저들을 용서하여 주시옵소서. 제가 그들을 긍휼히 여기면서 용서를 구하는 순간 구름사이로 포근한 빛이 내 머리 위로 쏟아지더니 가슴에 평안이 몰려왔습니다. 하나님은 저를 힘들게 한 자들에게 관심이 있었던 것이 아니라 용서의 마음을 갖게 된 저에게 관심이 있었다는 것을 알았습니다.

긍휼이 여기는 자는 복이 있나니 그들이 긍휼히 여김을 받을 것임이요_ 마태복음 5:7

그 순간 제게 임하였던 평안과 기쁨 그리고 행복은 지금도 생각해도 감사가 넘칩니다. 주기도문에 '우리가 우리에게 죄 지은 자를 사해 준 것 같이 우리 죄를 사하여 주옵시고'라는 말씀처럼 내가 남을 용서하면 평안을 주시는 사실을 알았습니다.

나의 믿음이 연약해 질때 악한 것들이 내 삶을 공격한다는 것을 그때는 알지 못했습니다.

일년 후에 우리는 집을 사서 나오게 되었고, 그 사람들은 담과 마당에 천정까지 덮어서 안이 전혀 보이지 않게 하고 문도 한 사람만 겨우 드나들 수 있도록 만들어 놓고 살아가고 있었습니다.

# 축복의 꿈

2005년 8월 한여름 밤, 꿈에 하늘 문이 열리더니 온 하늘이 찬란한 빛으로 둘러싸였고, 어른 천사들이 제 머리 위에서 내려다보고 아기천사들도 나팔을 불며 머리 위에서 저를 내려다보는 것이었습니다. 저는 하늘 위를 바라보면서 '천사들 좀 봐요. 와 ~' 기쁜 탄성에 흥분하면서 잠에서 깨어났습니다. 너무 신기한 광경이라 잊지 않으려고 일기장에 기록하면서 한편 제 생활의 변화를 기대했지만 눈에 띄게 변한 것은 없었습니다.

2006년 9월에 저는 또 꿈을 꾸었습니다. 교회 성전에서 잔치가 벌어지고 사람들이 성전 안으로 들어오려 했습니다. 교회는 다니지만 신앙이 없는 사람들이 무리 속에서 성전 안으로 들어오지 못하고 밖에서 애만 쓰고 있었습니다. 엄마와 저는 아주 쉽게 성전 안으로 들어가 뒤쪽에 앉아 있다가 앞으로 들어갔지만 넓은 중앙에는 아무도 없었습니다. 그러나 양쪽에 있는 의자가 있었는데 바닥에는 무릎을 꿇고 있는 성도들이 많았습니다. 엄마와 저는 중앙 의자의 끝부분에 앉았는데 외할머니께서 다른 사람들과 고개를 숙인 채로 서 계셔서 외할머니를 모셔와 옆 자리에 앉았습니다.

그리고 저는 잠에서 깨어났습니다. 천국에 들어가는 자들에 대한 꿈인 것 같아 기분이 무척 좋았으나 남편이 보이지 않았습니다. 남편에게 꿈 이야기를 하니까 자기는 그때 이층에 있어서 안 보인 것이라고 해서 한참을 웃었습니다.

# 말씀을 전할 때 찾아오는 행복

저는 늘 전도의 사명을 갖고 늘 기도하였습니다. '구원 받기로 선택된 영혼을 저에게 붙여 주시옵소서'

2006년 11월, 집중 기도를 하려고 갈멜산기도원에 올라가 예배와 기도를 드린 후에 또 다음 예배시간을 기다리고 있었습니다. 옆에 앉아계시던 칠십쯤 되어 보이는 할아버지께서 오늘 말씀이 잘 이해가 안 된다며 묻는 것이었습니다. 그 할아버지는 삼위일체에 대하여 물으셨습니다. 저는 성부, 성자, 성령에 대하여 설명을 드리면서 하나님께서 천지를 창조하시고, 에덴동산을 만드시고 타락한 인간의 모습을 설명하였습니다. 인간의 죄를 위해 이 땅에 오신 예수님께서 십자가에 달려 돌아가시고, 부활하셨고 다시 그분은 우리를 위해 재림하실 것이라는 성경말씀을 설명해 드렸습니다.

태초에 말씀이 계시니라 이 말씀이 하나님과 함께 계셨으니 이 말씀은 곧 하나님이시니라 그가 태초에 하나님과 함께 계셨고 만물이 그로 말미암아 지은 바 되었으니 지은 것이 하나도 그가 없이는 된 것이 없느니라 그 안에 생명이 있었으니 이 생명은 사람들의 빛이라_ 요한복음 1:1-4

  증언하는 이가 셋이니 성령과 물과 피라 또한 이 셋은 합하여 하나이니라_ 요한1서 5:7-8

  저는 할아버지께 하나님이 함께하시면 세상에서 얻을 수 없는 평안을 갖게 된다는 말씀도 드렸습니다. 할아버지께서는 이렇게 알아듣기 쉽게 하나님 말씀을 들어보기는 처음이라며 고맙다는 말을 거듭하셨습니다. 한 시간 넘는 시간에 살짝 피곤감은 있었지만, 마음 속에는 말씀을 전할 때의 행복감과 보람이 차올랐습니다.

# 아픈 손목을 낫게 하심

저는 산후조리를 못한 탓인지 지금까지도 팔과 발이 저리고 아파서 여름에도 털로 된 보호대를 해야 다닐 수가 있습니다. 손목을 꼭 이불 속에 넣고 자야 하고 손을 짚을 수도 없고 손으로 빨래를 짤 수도 없었습니다.

겨울에는 손과 발에 바람이 숭숭 들어와 꽁꽁 싸매야만 했습니다. 항상 아픈 곳을 위해 기도했습니다. 그날도 주일예배를 마치고 축도를 하는 중에 아픈 곳이 있으면 손을 아픈 곳에 올리라고 하시기에 간절한 마음으로 손을 얹었는데 목사님의 기도 중에 어떤 바람과 전율이 느껴졌습니다. 마음이 아주 가벼워지는 새로운 기운이 느껴졌습니다. 성령님께서 그렇게 아픈 손목을 낫게 해 주신 것입니다. 할렐루야!

지금은 보호대도 안하고 빨래도 짤 수 있고 무거운 것도 어느정도 들을 수 있게 되었습니다. 할렐루야!

## 시험관 아기

2007년 8월 어느 날 꿈을 꾸었습니다. 하늘 문이 열리더니 강한 빛이 하늘 문 사이로 내려오고 사람들이 그 빛을 따라 올라가는 것이었습니다. 저는 하늘을 올려다보니 하늘 문 양옆으로 빛의 사자들이 하늘로 올라가는 사람들을 바라보고 있었습니다. 그런데 이상하게도 저는 못 올라가는 것이었습니다. 저는 소리 질렀습니다. '빛의 사자들이여 나를 구원하옵소서. 빛의 사자들이여 나를 구원하옵소서.' 두 번 소리 높여 호소했지만 금방 하늘 문이 닫히고 말았습니다. 빛은 사라지고 어둠 속에서 사람 형상을 한 두 그림자가 손바닥으로 제 등을 밀어 캄캄한 빌딩과 아파트가 많은 어둠의 도시로 가게 하는 것이었습니다.

내 영혼이 사자들 가운데에서 살며 내가 불사르는 자들 중에 누웠으니 곧 사람의 아들들 중에라 그들의 이는 창과 화살이요 그들의 혀는 날카로운 칼 같도다_ 시편 57:4

저는 꿈에서 깨어나서 너무나 무서웠습니다. 꿈 속에서 외친 '빛의 사자들이여 날 구원하소서!' 라는 말이 너무나 생생하게 울렸습니다. 저는 일기장에 썼습니다. 저는 언제부턴가 이런 신앙적인 꿈을 꿀 때에는 일기 쓰는 습관이 생겼습니다.

그 꿈을 꾼 후 남편은 저에게 말을 막 내던졌습니다. 남편은 한 번도 보지 못했던 무서운 눈빛으로 나를 쳐다보며 욕을 하기도 하였습니다. 남편은 잦은 외박과 늦게 들어오는 날이 많아지고, 술자리도 많아지고 저와 다투는 일이 많아졌고, 점점 대화가 단절되어만졌습니다. 그럴 때마다 더욱 하나님께 엎드려 남편을 위해 기도로 간구했습니다.

'주님 남편을 다스려 주옵소서. 무엇이 잘못되어가고 있는지 알게 하여 주옵소서.'

저는 아기가 있으면 남편과의 관계가 좋아지겠지 하는 마음에 시험관 아기를 시도해 보려고 용기를 내어 병원에 다니게 되었습니다.

저는 아기는 자연스럽게 생겨야 한다고 생각했지만 남편이 세상의 모든 것은 하나님께서 이미 만들어 놓은 것을 사람이 찾고 발견하는 것이라고 하여 남편의 말도 일리가 있다고 했습니다. 2009년 시험관 아기를 네 번 시도하여 임신을 하였습니다. 하지만 남편의 잦은 외박으로 마찰이 생기고 불안함이 마음에 심어지다보니 자꾸 유산이 되었습니다. 남편도 아기를 원해 병원에 같이 가기는 했지만 그의 생활은 변하지 않았습니다.

그러한 남편을 바라보면서 많은 고민을 하다보니 불면증이 찾아 왔고, 우울증까지 찾아왔습니다. 우리 가정에 마귀란 놈이 장난을 치는 것 같은 생각이 들었습니다.

저는 예수 그리스도의 이름으로 결박기도를 했습니다. '하나님께 어찌해야 합니까? 도와주세요. 너무나 힘이 듭니다'라고 고백하며 기도했습니다. 그러면서도 저는 남편과 연애할 때와 결혼생활 동안 서로 사랑하며 즐겁고 행복했었던 때만을 그리워하며 문제 속에서는 헤쳐 나오지 못하고 있었습니다.

아이를 놓고 기도하며 응답 받기를 구하면서도 우리를 향하신 하나님의 뜻이 무엇인지 알 수 없었습니다. 우리는 광야 길만 걸어가는 것 같았습니다.

내가 주께 부르짖으나 주께서 대답하지 아니하시오며 내가 섰사오나 주께서 나를 돌아보지 아니하시나이다_ 욥기 30:20

우리 부부는 새로운 사업을 하면서 교회를 옮기게 되었습니다. 남편이 예전에 알고 지내던 분이 저희가 사는 곳과 가까운 곳에서 개척교회를 하신다는 이야기를 듣고 그곳으로 가게 되었습니다.

이 또한 하나님의 인도하심이라 믿고, 남편이 주님을 다시금 새롭게 만나지기를 기도했습니다. 남편은 교회를 다니기는 했지만 일과 여자로 인해 신경이 예민해져 갔고, 저 또한 신경이 민감해져 갔습니다. 우리는 믿음이 약해질 대로 약한 모습이 되었습니다. 늘 불안하고 긴장감이 고조되어 갔고 영혼은 쉽게 회복되지 않았습니다.

# 나를 업고 가시는 주님

어느 주말, 저는 또 꿈을 꾸었습니다. 꿈에 어느 두 사람이 있는데 한 사람이 다른 한 사람을 업고 갔습니다. 뒤에 업힌 사람은 온몸에 힘이 다 빠져 팔다리가 축 늘어진 상태였고, 업은 사람은 허리가 구부정하게 굽어있었습니다. 저는 그 둘의 모습을 바라보며 '업힌 사람은 참 편안하겠다. 온 힘을 다 빼고 업혀 있으니 얼마나 편할까? 그런데 밑에 업은 사람은 너무 힘들겠다'라고 말했습니다. 다시 저는 '밑에 업은 사람을 보면서 힘들어 보이지 않네'라고 하면서 잠에서 깨어 났습니다. 아침에 남편에게 꿈 이야기를 했더니 개꿈이라고 말을 하였습니다. 저 또한 그 말을 들으니 아무런 생각이 없었습니다.

다음날 주일아침 교회에 가서 예배를 드리는데 저는 아무것도 할 수 없을 만큼 몸이 힘들었습니다. 저는 하나님께 '내 영혼의 삶이 너무 지쳐요'라고 말씀드리니 하나님께서는 저에게 언제나 '인내하라'라고 하셨습니다. 그동안 저는 매순간마다 결단하고 인내하며 살아왔는데 변하는 건 아무 것도 없었습니다. 하나님은 계속 결단과 인내만 요구하시는 것 같았습니다. 이 날 저는 예배를 드리면서 '찬송하기 싫어요. 말씀도 듣기 싫어요. 기도도 하기 싫어요'라고 마음 속에서 외치고 있었습니다. 지쳐버린 내 영혼이, 정말 하나님을 외면하고 싶어서가 아니라, 너무 지쳐버려서 그런 말을 했던 것 같았습니다.

하나님 도와주세요! 모든 순서가 지나가고 목사님 축도로 예배가 끝날 시간에 갑자기 어제 꾼 꿈이 눈앞에 보였습니다. 갑자기 업고 있던 분이 고개를 돌려 저를 쳐다보시더니 환한 얼굴로 '내가 지금 너를 업고 가고 있다. 내가 너와 항상 함께 모든 문제를 업고 동행하고 있다'라고 말하는 것이었습니다. 저는 소름이 돋을 만큼 놀라웠습니다.


기다리는 자들에게나 구하는 영혼들에게 여호와는 선하시도다 사람이 여호와의 구원을 바라고 잠잠히 기다림이 좋도다 사람은 젊었을 때에 멍에를 메는 것이 좋으니 혼자 앉아서 잠잠할 것은 주께서 그것을 그에게 메우셨음이라 그대의 입을 땅의 티끌에 댈지어다 혹시 소망이 있을지로다 자기를 치는 자에게 뺨을 돌려대어 치욕으로 배불릴지어다 이는 주께서 영원하도록 버리지 아니하실 것임이며 그가 비록 근심하게 하시나 그의 풍부한 인자하심에 따라 긍휼히 여기실 것임이라 주

께서 인생으로 고생하게 하시며 근심하게 하심은 본심이 아니시로다_
예레미아애가 3:25-33

　수고하고 무거운 짐 진 자들아 다 내게로 오라 내가 너희를 쉬게 하
리라_ 마태복음 11:28-30


　저는 그 짧은 순간 눈물과 콧물을 쏟으며 목이 메여 흐느끼고 말았습
니다. 동시에 제 몸은 발끝부터 무엇인가 전율처럼 머리까지 올라오면
서 온 몸에 힘이 가득 찼습니다.

　또다시 저는 '하나님 감사합니다'를 되뇌었습니다. 한 번의 영적 기운
이 흘러 들어와 영육에 강건함이 생겼던 것입니다. 할렐루야!

　저는 이번 체험을 통해 사탄의 시험이 있더라도 성령께서 믿음이 떨
어지지 않도록 기도해 주신다는 사실을 깨달았습니다. 그리고 극도로
힘이 들 때 '도와주세요'라고 부르짖는 작은 소리도 하나님은 들으신다
는 사실을 알게 되었습니다. 하나님은 저의 몸이 기진맥진 넘어지려고
할 때 안타까워하시며 저의 손을 붙잡아 주시는 분이라는 사실도 깨달
게 되었습니다.

# 몸부림

　남편이 변화되기만을 매일 기도 드렸습니다. 예전에 주님의 사랑 안에서 나에게 기쁨과 즐거움을 주었던 모습을 그리면서 말입니다. 기도하면서 은혜는 받았지만 생활의 변화는 오지 않았습니다. 여전히 문제는 그대로 있었고 남편과의 마찰은 끊이지 않았습니다. 시댁과의 마찰도 커져만 갔습니다.

　시댁은 남편에 대해 아무것도 모르면서 언제나 남편에게 힘을 실어 주었습니다. 저는 남편이 제자리로 돌아올 것을 기다리며 그 누구에게도 남편의 문제를 말하지 않았습니다. 남편의 문제를 아무에게 말하지 않았던 것은 사랑으로 인내하며 기다리고 있었기 때문입니다. 저는 더욱 힘들어졌지만 꿈속에 나타나신 예수님을 생각하면서 담대함 속에 기도와 말씀을 놓지않았습니다. 매순간 마다 인내와 절제하기 위해 힘 썼으며 남편과 식사할 때마다 부딪히지 않으려고 무진장 애를 쓰고 노력하였습니다.

남편은 일로 인해 힘들어지면 화풀이를 내게 하였습니다. 저는 여자 문제를 더 이상 알려고 하지도 않았습니다. 이 문제는 생각만 해도 견디기 힘들었습니다. 저는 남편을 더 이상 만나지 않을 것을 다짐하고, 스스로 위로했습니다. 남편 입장에서 생각하면 남편도 많이 힘들었을 겁니다. 남편은 좋은 사람이었지만 유혹을 뿌리치지 못해 시험을 치루고 있다는 생각이 들었습니다.

하나님은 저에게 주님의 사랑의 힘으로 용서하며 사랑하라고 자주 말씀 하셨습니다. 그리고 주님은 결단하고 빨리 이 모든 상황에서 주님 앞으로 나오라는 사인을 계속 주셨지만 저는 온전히 하나님께 맡기지 못하고 내가 어떻게 변화시켜보려고 안간힘을 썼던 것 같습니다.

하나님을 사랑한다고 하면서 삶에서는 하나님을 우선순위에 놓지를 못한것 같습니다.


나는 너희에게 이르노니 너희 원수를 사랑하며 너희를 박해하는 자를 위하여 기도하라_ 마태복음 5:44

내가 사람의 방언과 천사의 말을 할지라도 사랑이 없으면 소리 나는 구리와 울리는 꽹과리가 되고 내가 예언하는 능력이 있어 모든 비밀과 모든 지식을 알고 또 산을 옮길 만한 모든 믿음이 있을지라도 사랑이 없으면 내가 아무 것도 아니요 내가 내게 있는 모든 것으로 구제하고 또 내 몸을 불사르게 내줄지라도 사랑이 없으면 내게 아무 유익이 없느니라 사랑은 오래 참고 사랑은 온유하며 시기하지 아니하며 사랑은 자랑하지 아니하며 교만하지 아니하며 무례히 행하지 아니하며 자기의 유익을 구하지 아니하며 성내지 아니하며 악한 것을 생각하지 아니하며 불의를 기뻐하지 아니하며 진리와 함께 기뻐하고 모든 것을 참으며 모든 것을 믿으며 모든 것을 바라며 모든 것을 견디느니라 사랑은 언제까지나 떨어지지 아니하되 예언도 폐하고 방언도 그치고 지식도 폐하리라_ 고린도전서 13:1-8

# 사랑이 최우선

어느 날, 잘 사는 것이 무엇일까 생각해보니 그것은 '사랑하며 사는 것'이라는 생각이 들었습니다. 사랑은 우리 삶의 최우선 순위여야 하고 처음 사랑인 것처럼 마지막도 사랑이어야 합니다. 사랑은 우리의 삶에서 하나의 좋은 일부분이 아니고 가장 중요한 부분인 것을 알았습니다.

성경은 사랑이 삶의 최고 목표가 되어야 한다고 하십니다. 믿음, 소망, 사랑 중 그중의 제일은 사랑이고, 사랑은 영원한 것입니다. 여기서 사랑은 하나님의 사랑과 예수님의 사랑을 말합니다.

하나님, 예수님, 성령님, 사랑합니다!

나의 죄 때문에 이 사랑을 순간순간 놓치고 잊고 살아갈 때가 너무나 많습니다. 사람은 죄성이 있어서 본질적으로 사랑을 실천하기보다 반대로 갈 때가 많습니다. 그래서 말씀을 통해 사랑을 배워야 합니다. 예수님의 십자가 사랑을 깨달은 사람은 그 어떤 사랑도 실천할 수 있고, 상대방에게 아무리 큰 잘못을 받았다하더라도 용서할 수 있습니다. 하나님께 기도를 드리면 그 사랑을 실천할 수 있습니다. 오늘도 영적인 일용할 양식을 먹고 기도로 하나님께 나아갑니다. 임마누엘의 나의 하나님 사랑합니다.

# 하나님께 온전히 내려놓음

남편을 향한 기도의 끈을 놓을 수가 없어 갈멜산기도원을 찾았습니다. 하나님께서는 인내와 오래 참음을 한결같이 말씀하셨습니다. 남편 때문에 넘어지는 순간 그 고비마다 인내를 배우게 하셨고, 앞으로 나아가는데 신앙의 성숙을 가르쳐 주셨습니다.

저는 기도원에 갈 때 기도의 방해 요소는 제거하고 올라갑니다. 이를 테면 울면서 부르짖으며 기도하기 위해 얼굴에 신경 쓰지 않기 위하여 화장기 없는 맨얼굴로 갑니다. 윗옷은 허리 아래로 넉넉히 내려오는 편한 옷을 입고, 바지는 무릎을 꿇고 기도한 후 무릎이 나와 보기 흉한 바지가 아닌 것으로, 또 치마는 절대 입지 않으며, 신발은 잃어버리더라도 부담 없는 신발을 신고 갑니다. 머리는 고무줄로 단정히 묶습니다. 그리고 핸드폰은 반드시 꺼놓고, 지갑에는 헌금과 생수 살 정도의 돈만 준비해 갑니다. 필수품으로 휴지 챙기고 집에서부터 미리 하나님께 기도하며, 기도원에서 기도에 집중할 수 있도록 혼자 올라갑니다.

이 날도 저는 간절한 마음으로 기도원에 올라가 앞쪽에 자리를 정하고 앉았습니다. 목사님은 찬양을 하고 나서 성경말씀 두 구절을 읽고 난 다음, 바로 제가 있는 쪽을 바라보면서 난데없이 "남편은 내버려둬. 신경 쓰면 나만 힘들어. 하나님께서 만져 주셔야지. 그 누구도 못 고쳐. 엎드리기만 해." 마치 제게 말씀하시는 것처럼 선포하셨습니다.

저는 말씀이 시작되자 바로 응답받고 넘치는 기쁨과 평안으로 즐겁게 예배를 마치고 감사 기도를 드렸습니다. 제 마음에 평강이 찾아왔습니다.

하나님께서 남편을 만져 주시며 인도하시고 있으실 것이라는 믿음이 생겼습니다. 그리고 저는 남편을 마음으로 의심하고 간섭하지 않으며 두 번 이상 잔소리하는 것을 안 하려고 노력했습니다. 전적으로 하나님만 신뢰하기로 마음먹었습니다. 오로지 혼자의 외로움 속에 빈 들의 마음으로 하나님께 두 손 들고 다 내려놓게 하셨습니다.

# 주님을 더욱 묵상

문제 속에 분명히 주님께서는 나를 향한 계획과 이끄심이 있음을 믿자, 주님께 더욱 귀를 기울이고 말씀이 육신이 되어 오신 예수님을 닮아가는 삶을 소망하고 간구하였습니다.

꿈속에 두 개의 두루마리가 보였습니다. 한 개의 두루마리가 펼쳐졌을 때에는 뭐라고 쓰였는지 읽지를 못 했습니다. 또 하나의 두루마리는 봉해져 있어서 읽을 수가 없었습니다. 잠에서 깨어나서 두 개의 두루마리에 쓰인 것을 못 본 것이 아쉬웠습니다. 다시 잠을 청했지만 잠이 오지 않았습니다. 그 속에 무엇이라 씌여 있었을까?

두루마리 책에 대해 쓰여진 말씀을 알고 싶은 마음 때문에 말씀을 묵상하며 간절함과 사모함으로 기도했습니다. 저는 그 후로 하나님께 모든 일상을 이야기하기 시작했습니다. 밥을 할 때면 '하나님! 저 밥할게요. 하나님! 저 일층에 내려갔다 올게요. 하나님! 책 볼게요. 저는 하나님이 계시니까 괜찮아요. 심심하지 않아요.' 이렇게 대화를 하니 즐거워졌고, 고독과 외로움과 우울함이 떠났습니다. 남들이 이런 내 모습을 보면 이상하다고 생각하겠지만 저는 너무 즐거웠습니다. 그렇게 저는 계속해서 주님을 묵상했습니다.

너희는 먼저 그의 나라와 그의 의를 구하라 그리하면 이 모든 것을 너희에게 더하시리라_ 마태복음 6:33

내가 정의와 공의를 행하였사오니 나를 박해하는 자들에게 나를 넘기지 마옵소서 주의 종을 보증하사 복을 얻게 하시고 교만한 자들이 나를 박해하지 못하게 하소서 내 눈이 주의 구원과 주의 의로운 말씀을 사모하기에 피곤하니이다 주의 인자하심대로 주의 종에게 행하사 내게 주의 율례들을 가르치소서 나는 주의 종이오니 나를 깨닫게 하사 주의 증거들을 알게 하소서_ 시편 119:121-125

# 꿈속 계시

어느 날 저는 꿈을 꾸었어요. 제가 건물 안쪽에 있는데 한쪽 문이 열렸습니다. 문밖에 휠체어를 탄 사람이 보였어요. 그리고 멀리에서 사자한 마리가 달려오는 것이었어요. 저금 무서워 밖으로 뛰어나가 그 사람을 안고 들어와 문을 닫았더니 사자가 문을 할퀴고 있었어요. 또 다른 상황이 펼쳐졌습니다. 이번에도 건물 안쪽에 있는데 한쪽 문이 열리더니 이번에도 휠체어 탄 사람이 보였고, 이번에는 사자 대신 총을 든 군인들이 달려왔어요. 저는 휠체어 탄 사람을 대리고 건물 안으로 들어오니 여러 명의 어린이가 모여 있었습니다.

저는 무서워 계단으로 어린이들을 인솔하여 올라갔어요. 계단 끝에는 큰 문이 있었습니다. 문을 열고 들어가니 교회 성전이었습니다. 모두 군인들의 공격을 피하기 위해 강대상 뒤에 있는 큰 십자가로 숨었습니다. 그때 담임목사님과 사모님이 중앙에 앉아 계셨습니다. 두 분은 저에게 안타까운 마음으로 쳐다보시며 "결혼하지 않았으면 좋았을 걸"

하시는 것이었습니다.

저는 십자가 뒤에 있는 문을 열고 들어가니 한 여인이 눈부신 세마포를 빨래줄에 널고 있었습니다. 너무나 화창한 햇살 속에 반짝이는 공기는 너무 시원했고 평화로워 보였습니다. 저는 하나님의 테스트를 통과한 것 같았습니다. 잠을 깨고 나니 하나님께서 "이제 네가 겪고 있는 시험이 끝이 났다"라고 말씀하시는 것이었습니다.

그러나 나의 가는 길을 그가 아시나니 그가 나를 단련하신 후에는 내가 순금 같이 되어 나오리라_ 욥기 23:10

# 병원에서 복음을 전하다

어느 날 회사 일로 외근을 나가던 중에 뒤차가 제 차를 받아 접촉사고가 났습니다. 부딪힌 것이 심하지 않아 병원에 갈 생각을 하지 않았습니다. 그런데 자꾸 머리가 어지럽고 목덜미가 아파왔습니다. 주위 분들이 나중에 후유증이 생길 수 있으니 꼭 병원에 가서 검사와 치료를 받아야 한다고 했습니다. 검사와 치료도 받고 이 기회에 남편과 좀 떨어져 지내면서 서로의 소중함도 느껴보고, 저 또한 휴식을 갖고 싶기도 하여 병원에 입원하였습니다.

입원한 다음날, 옆자리 학생에게 교회 다니느냐고 물어보았더니 어릴 때 한 번 가보고는 안 가고 있고, '기독교는 싫어요'라고 하는 말에 더 이상 아무 말도 하지 못했습니다. 회사가 있는 발안 지역은 시골 같아서 뱀에게 물려 병원에 오는 사람이 많았습니다. 제 앞자리에 계신 69세의 할머니도 뱀에게 손등을 물려서 오신 분입니다. 할머니께서는 교회에 다니신다고 합니다. 같은 병실에 믿는 사람이 있다는 것이 든든

하고 마음이 편해졌습니다.

　다음 날, 하나님께서 다시 그 학생에게 말을 하게 하셔서 학생에게 행복하냐고 물었습니다.

　사람은 누구나 행복을 위해서 열심히 살지만 그 어느 곳에서도 행복을 찾을 수는 없단다. 여행을 가거나 인터넷을 통해서 즐거움과 행복을 찾지만 그것도 잠시뿐이고, 돈이 많은 사람이나 권력을 가진 사람도, 인기가 많은 연예인도 그 자리를 지키기 위해 더 외롭고 힘들어. 참 행복을 찾기란 정말 힘이 든단다. 사람은 누구나 하나님과 함께했을 때만 참 행복이 있어. 하나님께서 사람을 만드실 때 찬양 받으시고 함께하시기 위해 사람을 만드셨기 때문이야.

　이 백성은 내가 나를 위하여 지었나니 나를 찬송하게 하려 함이니라_
이사야서 43:21

　하나님의 형상대로 지음을 받은 사람이 하나님의 법을 중요하게 여기지 않았단다. 그래서 하나님은 아담에게 선악을 알게 하는 열매를 주시며 그 열매을 따 먹는 날에는 정녕 죽으리라고 말씀하셨지. 아담은 하나님의 말씀을 마음에 새기지 못하고 죄를 지어 하나님을 떠나게 된

거야. 그래서 인간은 아담이 가졌던 원죄를 가지고 태어났고 또 자신이 지은 죄를 가지고 살아가는 거란다. 인간은 죄를 회개하면 용서를 받을 수 있어. 예수님은 하나님이신데 인간의 몸을 입고 오셔서 우리를 위해 죽으셨고, 3일 만에 부활하셨단다. 우리는 예수님을 모셔 드려야해. 그분을 통해 하나님을 만날 수 있어. 그분은 광명의 천사로 가장해서 우리를 죄악 가운데 빠지게 만드는 악한 영을 물리치시는 왕으로 오셨어. 학생 그분을 마음에 모셔드려.

학생은 예수님을 구주로 영접하는 기도를 드렸습니다. 너무 감사하고 기뻤습니다.

한편, 독사에 손등을 물려서 오신 할머니는 독이 몸에 퍼져 피부색이 새까맣게 변하고 심하게 부어 올랐습니다. 할머니는 병실에서 뱀 이야기를 자주 하곤 하셨습니다. 할머니는 구렁이가 집에 들어오면 내쫓지 않아야 한다고 하십니다. 구렁이가 복을 준다고 믿었기 때문입니다. 할머니 이야기를 듣고나서 믿음이 없는 것같아 할머니에게도 복음을 전했습니다. 그리고 예수님을 영접하시고 기도를 드리자고 했더니 할머니는 웃으면서 말씀은 고마운데 다음에 하자고 하셨습니다. 며칠 뒤 저는 또 다시 그 할머니에게 말씀을 전했습니다. 할머니께서 예수님을 영접하셨고, 퇴원하시면 가까운 교회 나가시라고 손가락으로 약속까지

했습니다.

그곳에 여섯 개의 침대 중 세 분이 퇴원하고 세 분이 입원하는 동안 계속적으로 복음을 전하게 하셨고, 복음을 전하는 동안 내 안에는 무언가 행복한 사랑의 마음이 흐르고 있었습니다. 사실 저도 몸이 아팠지만 몸을 제대로 움직이지 못 하는 병실 분들을 섬겼습니다. "잠시 만요, 제가 도와 드릴게요. 그냥 계셔요." 저 또한 어지러움증 약을 먹으며 물리치료 받아가면서 한 손에는 링거가 꽂혀 있지만 환자분들을 도와주고 싶은 마음이 가득했습니다. 옆자리의 학생이 보호자가 없는 상태에서 누워서 소변을 받을 때 저는 기꺼이 한손으로 변기를 받쳐 주고 화장실에까지 갖다 버리기도 했습니다.

학생은 예수님을 구주로 영접한 이후 아침과 저녁에 기도를 같이 했고 예수 그리스도 이름으로 기도하라고 기도하는 방법을 가르쳐주고, 말씀을 이야기로 들려주곤 하였습니다.

저는 6인실 병실에서 가운데 침대에 있었는데 다른 쪽 침대의 90세가 넘은 할머니는 하나님께 본인 목숨을 '빨리 데리고 가세요' 라며 기도를 드리면서도 죽음을 두려워하였습니다.

가족들은 요양병원에 있으시길 원했지만 링거 주사를 맞아야 한다며 병원으로 모시고 오셨습니다.

복도에서 휠체어에 혼자 앉아 있는 할머니를 만났습니다. 저는 모습이 너무나 안쓰러워 보여서 "많이 안 좋으셔요?"하니 할머니께서는 손으로 가슴과 배를 치시며 '여기가 아파 여기는 답답해'하는 것이었습니다. 저는 할머니께 "하나님께서 계시잖아요. 기도하세요. 나중에 천국 갈 수 있으니 할머니는 얼마나 행복해요. 하나님을 모르고 지옥에 가는 사람은 얼마나 불쌍해요. 하나님만 바라보시고 기도하세요." 할머니는 눈물을 흘리며 고맙다면서 병실로 바로 들어오더니 요양원집에 가겠다고 짐을 싸는 것이었습니다. 그 순간 저를 도구로 사용하셔서 할머니 마음도 만져 주셨다고 생각하니 행복했습니다.

저도 이제 외래로 병원을 다녀도 될 만큼 회복하여 퇴원을 하게 되었습니다. 그 다음 날 병원에 갔다가 병실에 찾아가서 입원하고 계신 분들을 만나 교회에 나가실 것을 약속하였습니다. 학생은 병이 나으면 우리 교회에 나오기로 약속하였고, 앞쪽 할머니께서는 교회에 꼭 나가셔야 된다고 말을 건네니 "약속 했잖아요"하면서 환하게 웃으며 '고맙다, 고맙다'를 연거푸하였습니다.

삼사일 후 병원에 찾아가 학생에게 기도와 말씀을 나누고 읽어 주며 주님의 사랑을 전했습니다. 전도가 내 힘이 아닌 하나님의 공급하신 힘으로 하게 하셨습니다. 할렐루야!

여호와께서 너희를 위하여 싸우시리니 너희는 가만히 있을지니라_
출애굽기 14:14

문제가 올 때마다 하나님께서 다 알아서 해결해 주실 거야 하는 믿음
이 생겼습니다. 남편은 병원에서 나온 저에게 말과 행동이 부드러워졌
고, 좋아졌습니다. 가정의 안식과 평안이 찾아오는 것 같았습니다.

# 믿음으로 회복하다

사랑하는 하나님,

내 삶의 모든 것 인도해 주시는 분 그분을 믿자!

나의 신랑되신 예수 그리스도 그분 한 분만을 믿자.

내 신랑되신 분께서 내 인생 모든 것 다 책임져 주시는 것은 당연한 사실이다.

내 생각 속에 근심으로 인해 나를 스스로 괴롭히지 말고 그분 한 분만을 믿자.

원인을 찾았으니 믿음으로 신뢰하자.

내 영혼아 내 생각들아 내 삶의 행동들아 여호와를 믿고 섬기자.

믿음만이 주님을 기쁘시게 할 수 있다.

항상 기뻐하라 주의 말씀이 내 삶을 통과하고 생활할 수 있게 기뻐하라.


**지금 나는 문제 속에 있는 것이 아니라 축복으로 인도하는 길을 걷고**

있는 것이다. 시간이 많이 걸릴지도 모른다. 잘 이겨내라. 잘 견뎌내라. 그때마다 하나님 말씀만 붙들며 이겨 내게 하시고 혼자 살아가지만 항상 제 주위에는 함께 울어줄 사람, 함께 기도해 줄 사람, 그때그때 필요한 물품들을 채워 주는 사람들을 보내주시고 위로자를 만나게 해 주셨습니다.

하나님은 기도하며 나아갈 때 신실한 친구를 보내 주셨습니다. 그는 저에게 언제나 변함없는 믿음의 멘토였고 믿음의 선한 싸움을 하고 있을 때 함께한 친구입니다. 지금은 물질도 넉넉하지 않고 가진 것이 하나도 없지만 나를 이해하는 친구가 있고, 나를 달래 주시고 위로하시는 주님이 계시기에 능히 이겨낼 수 있습니다.

사도바울처럼 부에도 가난에도 처할 줄 아는 자족하는 마음을 배우게 하셨고, 기도할 때 저의 부족한 부분을 하나님은 늘 채워 주셨습니다.

우리가 선을 행하되 낙심하지 말지니 피곤하지 아니하면 때가 이르매 거두리라_ 갈라디아서 6:9

## 예배와 말씀을 더욱 사모하다

어느 날 꿈에서 머리를 길게 늘어트린 흰 소복 입은 귀신이 나를 쳐다보면서 썩은미소를 보내며 남편이 있는 방으로 들어가는 것이었습니다. 전 바로 따라 들어가 남편의 누워있는 모습을 보고 귀신이 남편을 헤칠까봐서 결박기도를 하였습니다. 그 귀신은 나와 남편을 어떻게 하지는 못했습니다.

잠에서 깨어 기분이 매우 안 좋았지만 남편에게 이제 내가 가까이 할 수없는 상태이기에 구원을 놓고 기도할 뿐이었습니다.

저는 그와 떨어져 살면서 예배와 말씀을 더욱 사모하게 하셨고, 많은 것을 내려놓고 십자가를 지기로 마음 먹었습니다. 그것은 예수님을 따르는 것과 말씀대로 사는 것이었습니다. 예수님께서 말씀하시기를 내 멍에는 쉽고 그 길은 심히 가볍다고 말씀하시면서  십자가를 통해 '변화'라는 선물을 주셨습니다.

그 이후 하나님은 저에게 가정에 문제가 있는 사람들을 만나게 하셨습니다. 아이가 고통 속에 있는 가정이나, 남편과 마찰이 심해 이혼 위기에 있는 가정을 만날 때 그들에게 믿음으로 이러한 과정을 이겨냈던 이야기를 해 주었습니다. 그때마다 저를 만난 분들은 평안과 회복을 갖는 것 같았습니다.

힘든 시기를 이길 수 있었던 것은 오직 예배와 말씀을 사모하였기에 때문이었습니다.

이 사람들은 다 믿음을 따라 죽었으며 약속을 받지 못하였으되
그것들을 멀리서 보고 환영하며
또 땅에서는 외국인과 나그네임을 증언하였으니
그들이 이같이 말하는 것은 자기들이 본향 찾는 자임을 나타냄이라

히브리서 11장 13-14절

**4장**

# 선교는 나의 인생

# 우즈베키스탄에서 복음을 전하다

　익숙한 생활에서 안주하고 있는 저를 하나님께서는 우즈베키스탄으로 단기 선교를 가게 하였습니다. 이번 단기선교를 통해 세상은 성경대로 흘러간다는 것을 보게 해주셨고, 무슬림 아랍인들을 만나 복음을 전하면서 그들을 통해 땅 끝까지 복음이 흘러가고 있다는 사실을 보여주셨습니다. 하나님은 단기선교를 떠나기 전에 내게 말씀을 주셨습니다. '아브라함에게 본토 아비 집을 떠나라' 저는 무섭고 떨리는 마음 때문에 안 가려고 했지만 선교 파송 기도시간에 아랍 여인의 모습을 보여주셨습니다. 머리엔 차도르를 쓴 뚱뚱한 아랍 여인의 얼굴을 너무나도 정확하게 보여 주셨습니다. 가기 전 저에게 주신 말씀입니다.

　여호와께서 그의 기름 부음을 받은 고레스에게 이같이 말씀하시되 내가 그의 오른손을 붙들고 그 앞에 열국을 항복하게 하며 내가 왕들의 허리를 풀어 그 앞에 문들을 열고 성문들이 닫히지 못하게 하리라 내가

198

너보다 앞서 가서 험한 곳을 평탄하게 하며 놋문을 쳐서 부수며 쇠빗장을 꺾고 네게 흑암 중의 보화와 은밀한 곳에 숨은 재물을 주어 네 이름을 부르는 자가 나 여호와 이스라엘의 하나님인 줄을 네가 알게 하리라 내가 나의 종 야곱, 내가 택한 자 이스라엘을 위하여 네 이름을 불러 너는 나를 알지 못하였을지라도 네게 칭호를 주었노라 나는 여호와라 나 외에 다른 이가 없나니 나 밖에 신이 없느니라 너는 나를 알지 못하였을지라도 나는 네 띠를 동일 것이요 해 뜨는 곳에서든지 지는 곳에서든지 나 밖에 다른 이가 없는 줄을 알게 하리라 나는 여호와라 다른 이가 없느니_ 이사야 45:1-6

단기선교팀은 4명씩 조를 이루며 택시를 탔습니다. 일곱 시간 동안 택시를 타고 목적지에 가야하기 때문에 팀원들은 중간에 내려 식사를 하자고 했습니다. 그러나 저는 중간에 쉬지 말고 간단하게 먹을 거리를 챙겨 가자고 했습니다. 우리 일행은 7시간 동안 긴 여행을 끝에 목적지에 도착하여 점심을 먹기 위해 식당에 들어 갔습니다. 그런데 놀랍게도 식당 여주인이 선교파송 기도시간에 하나님께서 보여 주신 그 여인이었습니다. 그리고 하나님께서는 그 여인을 통해 또 다른 사람을 만나게 하셨습니다. 만일 일행이 중간에 쉬었더라면 그 여인도 또 다른 사람도 만날 수 없었을 것입니다.

우리가 만나게 된 사람은 '카윰'이라는 남성인데 한국에서 5년간 일을 했기 때문에 한국말을 아주 잘 하였습니다. 우리는 카윰의 안내로 그 지역 땅밟기를 할 수 있었고, 그의 가족과 짧은 정을 나누며 아침까지 편안하게 쉴 수 있었습니다. 그리고 그의 어머니와 딸과 아들에게 평안하게 복음의 씨를 뿌리며 주님의 사랑을 전할 수 있었습니다.

그날 오전 또 다른 아랍 여인 가정을 방문하였습니다. 그곳에서도 그녀의 딸과 손자손녀에게 복음을 전하여 예수님을 영접하였고, 할머니는 알라에게 죽임을 당한다고 하여 그 다음날 아랍어로 "당신은 사랑받기위해 태어난 사람"을 불러 드렸더니 할머니의 마음을 하나님께서 열어 주셔서 예수님을 영접하고 눈물까지 흘렸습니다. 둘이 껴안으며 찬양과 기도로 그곳 식구들과 우리는 주님 안에서 하나가 되었습니다. 이 가정에도 주님의 나라가 임하여 주시옵소서. 아멘!

또 한 번은 우리일행이 택시를 타기 위해 터미널에 가야 했습니다. 덩치가 큰 택시운전사들 7명이 우리를 보고 에워싸는 것이었습니다. 우리는 순간 두려움을 느꼈습니다. 그 순간 승용차 한 대가 우리 옆에 섰습니다. 한국기업에 다니는 현지인이라면서 한국말도 조금 할 줄 알았습니다. 그는 무슨 일이냐며 그 상황을 해결해 줄 뿐만 아니라 목적지까지 갈 수 있는 차 편이 있는 곳까지 태워다 주었습니다. 안내로 편안하고 안전하게 목적지에 도착할 수가 있었습니다. 하나님께서 만남의 축복을 주신 것입니다. 그리고 하나님께서는 단기선교 기간에 함께한 동역자와 그곳 사람들로부터 크고 작은 사랑을 받았습니다. 하나님의 위로였습니다. 선교사님이 선교지에서는 돈이 필요 없기 때문에 많이 가져올 필요가 없다고 하셔서 저는 쓸 돈만 챙겨 갔습니다. 어느 날 쇼핑을 하기 위해 백화점을 들렀는데 저는 돈이 없어서 구경만 할 수밖에 없었습니다. 그런데 갑자기 그곳 관리자분께서 내 모자가 마음에 든다며 백화점에 가서 제 마음에 드는 모자를 사줄테니 바꾸자고 하는 것이었습니다. 저는 벽걸이형 양탄자를 골랐습니다. 저는 그 양탄자를 볼 때마다 중동지역을 위해 기도할 수 있었습니다. 또한 함께한 동역자로부터도 세심한 마음의 사랑을 받았습니다.

하나님께서는 그동안 남편과 세상의 즐거움 속에 빠져 있는 저를 선교 현장으로 부르신 것이었습니다. 그동안 삶의 변화보다 안정적이고 습관화된 것만을 누리며 살았습니다. 그러나 이번 단기선교를 통해 살아있는 말씀을 깨닫게 되었고 선교현장에서 마음껏 복음을 전하는 행복을 누리게 하셨습니다. 저는 기도했습니다. 해 마다 주님이 보내 주시면 선교현장에 나아가 복음을 증거하겠다고.

# 레바논을 다녀오면서

　1년이 지나 하나님께서 또 선교의 현장으로 저를 부르셨습니다. 그러나 가기가 어려운 상황이었습니다. 불을 끄고 두 눈을 감고 이불 속에 누웠는데, 아랍 청년 세 사람이 폭격을 맞아 다 쓰러져가는 벽에 축 늘어진 몸을 기대고 있었습니다. 그렇게 기대어 있는 청년은 기력도 없이 내 눈을 응시하면서 자신들을 도와달라는 것 같았습니다.

　밤에 환상이 바울에게 보이니 마게도냐 사람 하나가 서서 그에게 청하여 이르되 마게도냐로 건너와서 우리를 도우라 하거늘 바울이 그 환상을 보았을 때 우리가 곧 마게도냐로 떠나기를 힘쓰니 이는 하나님이 저 사람들에게 복음을 전하라고 우리를 부르신 줄로 인정함이러라_ 사도행전 16:9~10

　저는 밤새 잠을 이루지 못하고 새벽이 되어서야 무조건 가라는 주님의 뜻으로 받아들이고 아침 출근시간만 기다렸습니다. 저는 믿음으로 시리아 난민들을 위한 단기선교 의료선교팀에 신청하게 되었습니다. 이 때는 시리아 내전으로 시리아 국민들이 다른 나라로 흩어졌고 레바논으로 들어온 사람들이 많았습니다. 그때 저는 계약직으로 일을 하고 있었는데 하나님께서 선교를 갈 수 있도록 일정을 맞추어 주셨습니다.

가기 전에 말씀을 주셨습니다.

내 입에서 나가는 말도 이와 같이 헛되이 내게로 되돌아오지 아니하고 나의 기뻐하는 뜻을 이루며 내가 보낸 일에 형통함이니라_ 이사야 55:11

중동 땅의 또 다른 곳, 레바논을 가게 되었습니다.

저는 역사가 아주 오래된 현지인 교회에서 의료선교를 하게 되었습니다. 그곳 목사님과 교인들은 프로그램 전단지를 돌렸습니다. 그때 현지인들과 시리아난민들의 방문으로 많은 사람들이 몰려와서 천국 잔치를 벌렸습니다.

이때 저는 환상 중에 보여주셨던 세 명의 남성에게 복음을 증거하게 하셨습니다.

네 명이 내게로 왔지만 세 명이 예수님을 영접하였고, 그들 네 명은 친구였습니다. 환상 중에 본 그들 같았습니다. 한 사람 영접 후 바로 또 한 사람이 왔고, 영접기도가 끝나면 또 한 사람이 복음을 듣고 영접기도를 드렸습니다. 하나님의 역사였습니다. 할렐루야!

　베드로와 고넬료의 만남 속에 복음을 증거 할 때 고넬료의 가정에 성령 충만이 부어졌던 것처럼 말입니다. "당신은 사랑받기 위해 태어난 사람" 아랍어로 찬양을 불러 주었습니다. 그들은 같이 찬양을 읽으면서 내 발음이 안 좋아서인지 자기가 더 정확하니 자기를 따라 하라고 가르쳐 주었습니다. 그중에 한 사람은 자기 집으로 가서 17살 되는 아들을 데리고 와서 예수님을 영접시켰고, 그들을 향한 하나님의 계획하심이 꼭 있으실 것을 느끼게 했습니다. 확실한 성령의 역사가 있음을 기뻐할 수밖에 없었고, 그 지역에 3일간 머무르는 동안 그들은 매일 찾아왔습니다. 많은 사람이 영접하여 주님의 자녀임을 고백하였습니다. 그 이후에도 제가 만나는 아랍의 난민 70%정도가 예수님을 구주로 영접하는 놀라운 광경을 보게 하셨습니다. 그들에게 예수님을 아느냐고 물어보았는데 그들은 예수님을 선지자 중 한사람으로 알고 있다고 성경대로 대답하는 것이었습니다.

예수께서 빌립보 가이사랴 지방에 이르러 제자들에게 물어 이르시되 사람들이 인자를 누구라 하느냐 이르되 더러는 세례 요한, 더러는 엘리야, 어떤 이는 예레미야나 선지자 중의 하나라 하나이다 _ 마태복음 16:13-14절

그 땅 그곳에서 그들의 후손들이 성경대로 말을 하는 것을 보고 성경은 거짓이 아니었음을 다시금 일깨워 주셨습니다. 다음 날 다른 지역으로 이동하였는데 그곳에 아주 오래된 침례교회가 있었습니다. 그곳에서도 의료선교와 복음을 전했습니다. 그곳 역시 만나는 사람 중 70% 정도가 그리스도를 구주로 영접을 했습니다. 현지교인 중 한 명이 통역을 맡아 무슬림이 예수님을 영접하는 것을 목도하였습니다. 그는 하나님의 성령을 받아 벅찬 감격으로 몸부림치며 통역 하는 내내 흥분하였습니다. 그는 현지인들이 변화되어가는 모습을 보며 주님께 감사하였습니다. 저 또한 주님의 증인으로 세워 주심에 감사드렸습니다.

땅 끝까지 복음의 증인으로 세워 주심에 감사의 기도를 드렸습니다. 주의 선하심과 인자하심이 영원하리로다. 할렐루야! 아멘.

# 이스라엘에서 받은 확증

　이스라엘에 가기 전 스가랴서 말씀을 묵상하게 되었습니다. 하나님께서 이스라엘을 향한 계획하심을 알게 하셨습니다. 저는 10년 전부터 스가랴서를 통해 이스라엘을 향한 하나님의 계획을 깨닫기 위해 방안 벽에 말씀을 붙여놓고, 이스라엘의 상황과 변화의 소식을 들으며 주님의 때를 분별하고 있었습니다. 이사 갈 때마다 말씀을 쓴 종이를 가지고 가서 방에 붙이기를 10년이 지났습니다. 하나님은 이스라엘 백성을 이방인이 돌아오기까지 잠시 우둔하게 만드셨습니다.

　그러므로 내가 말하노니 저희가 넘어지기까지 실족하였느냐 그럴 수 없느니라 그들이 넘어짐으로 구원이 이방인에게 이르러 이스라엘로 시기 나게 함이니라 그들의 넘어짐이 세상의 풍성함이 되며 그들의 실패가 이방인의 부요함이 되거든 하물며 그들의 충만함이리요_ 로마서 11:11-12

성경말씀은 그때나 지금이나 미래나 살아 역사하시며 반드시 말씀대로 하나님의 때에 이루어진다는 것을 깨닫게 하셨습니다.

해마다 이스라엘 단기선교팀은 조기 마감되어 매번 기회를 놓쳤습니다. 너무 가고 싶은데 이번에도 기회를 놓쳐 실망하다가, 직접 못 가면 재정후원이라도 해야겠다는 마음으로 후원 방법을 알아보던 중 한 자리가 있다는 이야기를 듣고 급히 신청금을 넣었습니다.

출발 일주일 전, 예비모임에서 예배를 드리며 한참을 기도하는데 환상이 보였습니다. 공중에 자궁이 보였습니다. 양수는 가득했고 다 자란 아기가 아주 편안하게 있었습니다. 곧 태어날 것 같은 모습이었습니다. 그리고 눈을 떴습니다. '이건 뭐지'하며 다시 눈을 감고 계속 기도했습니다. 5분 정도 지났을까. 또다시 환상이 보였습니다.

예수님께서 베드로에게 깊은 데로 그물을 던져라는 말씀에 순종했을 때 그의 그물은 찢어질 정도로 많은 고기가 잡혔습니다. 지금 제가 베드로가 되어 물고기를 잡고 있었습니다. 그리고 그물 속 맨 위에 눈이 너무 예쁜 붉은색의 옥돔같은 큰 물고기가 나를 올려다보고 있었습니다. 저는 물고기 눈을 마주 바라보며 '반짝이는 눈이 너무 아름답다'라고 하며 눈을 떴습니다.

일주일 후 인천공항에서 출발, 우즈베키스탄을 경유하여 마침내 예수님께서 거니셨던 이스라엘에 도착을 했습니다.

선교기간 중 3일간, 예배 시간과 네 분의 선교사님을 통해서 선포된 말씀이 모두 사람 낚는 어부에 대한 말씀이었습니다. 우리는 매일 전도지와 성경책을 직접 전하거나 우체통에 넣었고, 가정에 초대를 받아 예수님이 구원자로 오신 분이시라는 것을 전했습니다.

어느 날은 테라비브 터미널에 모여서 샤우팅을 하기도 했습니다. 조별로 목적지를 찾아가는 것이었는데, 구글 길찾기에서 계속 다른 곳을 알려 주어 우리는 오도가도 못하고 한자리에 멈춰 서있는데 필리핀 한 여자가 다가왔습니다. 그리고는 '코리아, 코리아' 한국여권이 터미널 화장실에 있다며 따라 오라고 해 가보니 전날 다른 팀장님께서 날치기에게 빼앗긴 여권이었습니다. 팀장님은 대사관에 여권 분실 신고를 하고 재발급을 기다리던 중이었는데 우리 조를 통해 여권을 찾게 하였습니다. 모이는 장소가 알고보니 우리가 있던 바로 앞쪽이었습니다. 거리에는 사람들이 아주 많이 다녔습니다. 그곳에서 "예수님은 우리의 구원자 메시아이십니다"라고 소리 높여 외쳤습니다. 우리는 다음 일정인 필리핀 교회 연합예배를 드리러 가는 길에 마약과 술로 취해 있는 두 남자를 만났습니다. 선교사님께서 예수님 이름으로 결박기도를 선포하시고 우리도 다같이 그들에게 손을 얹고 방언으로 기도를 했습니다. 백인 남성은 도망가고 흑인 남성은 선교사님 발 앞에 무릎을 꿇고 예수님은 메시아이시라고 고백했습니다. 이러다 보니 예배시간이 늦어 급하게 가고 있는데 유대인 젊은 여자가 따라오는 것이었습니다. 그 자매의 간절한 눈이 환상 중에 보았던 물고기 같아 보였습니다. 결국 우리는 그 자매와 함께 예배 장소로 갔습니다. 그곳은 많은 핍박때문에 비밀리에 예배를 드리는 곳이었습니다. 예배를 드리고, 축복기도 시간에 그 자매를 위해 합심기도를 하는데 자매의 온몸이 떨리고 눈물을 흘리면서 방언이 터지는 것이었습니다. 할렐루야, 하나님을 만난 것이었습니다. 우리 모두는 기뻐했고 지금이 유대인들이 돌아오는 때인 것을 느꼈습니다.

한국으로 돌아오는 비행기에서 옆자리에 앉은 유대 할아버지에게 저는 크리스천임을 알리며 '이스라엘을 사랑합니다'라고 말하며 마음을 잠시 나눴습니다.

# 이스라엘을 다녀온 후 쓴 찬양곡들

이스라엘 단기선교를 다녀와서 일주일 정도 지날 때였습니다. 노래를 불러야겠다는 생각도 없었는데 제 입에서 하나님을 찬양하는 가사의 곡이 흥얼거려지고 있었습니다. 하나님을 찬양하고 싶은 마음이 간절하였습니다. 그래서 저는 바로 녹음을 하였습니다.

입맞춤으로 내게 다가오신 주님
예전에 내 모습 다 용서하시고
날 새롭게 씻겨 주신 주님
주님 내게 다가와
나를 더 깊이 사랑하시고
사랑스러운 자라 말씀하여 주시니
그 사랑으로 내 영혼이 변화되어
나를 신부로 맞아 주신 예수 그리스도

주님만을 사랑합니다
주님만을 경배합니다
영원토록 주님만을 찬양합니다
죽음으로 나를 위해 대속제물로 드려지시기까지
나를 사랑하신 예수
이제 그 사랑을 갚으며
주님 사랑하렵니다

일주일 동안 곡을 다듬었지만, 악보는 그려지지 않았습니다. 그리고 3일이 지나서 또다시 제는 입으로 흥얼흥얼했습니다.

유대의 왕 다윗의 자손 유대의 왕
길이요 진리요 생명이라
제사장의 에봇을 알아서
열두 문으로 들어가라
회개하라 회개하라
선지자의 바라봄을 알아서
여호와의 음성을 들어라

마귀를 멸하신 유대의 왕 만왕의 왕이신 열방의 왕

예슈아 메시아 그리스도 하나님의 아들 예슈아

하늘아 진동하라

땅들이여 찬양하라

천군 천사 나팔 불 때 예슈아 다시 오시리라

예슈아 다시 오시리라


성경을 보며 이사야 45장 5절을 읽어 가는데 나는 여호와라 나 외에 다른 신이 없나니 나밖에 신이 없느니라 여기까지 읽어 가는데 또다시 흥얼거리며 녹음을 시작하였고 계속해서 성경말씀을 읽어 내려갔습니다.


나는 여호와라

나 외에 다른 이가 없나니

하늘과 땅 위에 나밖에 다른 신이 없느니라

너는 나를 알지 못하였을지라도

나는 네 띠를 동일 것이요

해 뜨는 곳에서든지 해 지는 곳에서든지 나를 알게 하리라

나는 여호와라 다른 이가 없느니라

나는 여호와라 다른 이가 없느니라

또다시 일주일이 지나 길을 걷는데 또다시 흥얼흥얼 떠올라 녹음을
하였습니다.

내게 주신 믿음과 내게 주신 소망과
내게 주신 사랑으로 나의 모든 것 되신 전능자 하나님
그는 위대하신 여호와 아버지를 바라보며 그 나라를 바라보며
저 천국에 이르는 그날까지 나를 인도하소서
내게 주신 눈물과 내게 주신 감사와
내게 주신 은총으로 나의 모든 것 되신 전능자 하나님
그는 위대하신 여호와 아버지를 바라보며
그 나라를 바라보며 저 천국에 이르는 그날까지 나를 인도하소서
아버지를 바라보며 그 나라를 바라보며
저 천국에 이르는 그날까지 나를 인도하소서

또 일주일 뒤에 길을 걷다가 흥얼흥얼 단순한 찬양이 곡으로 만들어
졌습니다. 엄마는 찬양을 들어보더니 이 찬양이 제일 기억하기 좋다고

합니다.

나의 하나님 나의 하나님 나의 하나님 나의 하나님
이스라엘의 하나님 우리의 하나님 열방의 하나님 창조주 하나님
너희들은 기억하여라 너희들은 기억하여라 너희들은 기억하여라
유월절의 어린 양의 피 너희들은 전하여라
예수님의 어린 양의 피 너희들은 증인되어라
십자가의 예수 그리스도 너희들은 구하여라
열방의 주의 제자들 너희들은 준비하여라
예수님 다시 오실 그날
예수님 다시 오실 그날

**또 다른 가사와 흥얼거림 속에 다시 녹음이 시작되었습니다.**

예수 놀라운 그 이름 우리의 메시아
어둠 속에 헤매던 자들아, 이제 일어나 나아가라
모든 문제 예수께 내려놓고 기쁨의 춤을 추어라
하나님의 사랑을 힘입어 우리는 주 앞에 나아가리

내 생각 영혼아, 일어나 주님을 찬양하라
나의 주 예수님 주님을 찬양합니다
은혜와 평강과 사랑으로 주님을 경배합니다
예수 놀라운 그 이름 우리의 메시아

**책을 만드는 동안 또 입술에서 찬양이 흘러나왔습니다.**

선하신 나의 목자 나를 늘 인도하시니
선하신 나의 목자 주의 길로 이끌어 주시니
푸른 초장 맑은 물가로 날 인도하시며
날마다 새롭게 내게 양식 채워주시니 나 부족함 없네 나 부족함 없네
주님이 함께하네
언제나 나를 보호하며
언제나 사랑하시니
할렐루야 할렐루야 할렐루야
감사해 감사해 감사해 감사해

**이렇게 일곱 곡의 찬양이 탄생하였다.**

# 튀르키예 쿠르드에 보내심

이스라엘을 다녀온 후 1년이 지났습니다. 23년 7월 여름, 아무런 생각없이 있는 저는 설교 말씀을 듣던 중 쿠르드족을 향한 주님의 메시지를 듣게 되었습니다. 네가 가서 메대 땅을 부드럽게 해야 하지 않겠니. 제 마음을 너무 확실하게 울린 울림이라 '저는 네, 알겠습니다'라고 고백하면서 신청서를 쓰고 말았습니다.

저의 단기선교팀이 갔던 도시는 예수님을 모를 뿐만아니라 싫어하는 무슬림 도시였지만 너무나 평화로워 보이고 좋은 땅이란 생각이 들었습니다. 이들이 예수님만 알면 얼마나 좋을까 안타까운 마음이 들었습니다. 우리는 그곳에서 찬양하며 예수님의 사랑을 선포하며 기도하였습니다.

이곳은 우리가 다녀온 후 겨울에 큰 지진이 났던 '카흐라만마라쉬'라는 곳입니다.

이번 여행은 선물이었습니다. 가는 곳곳마다 하나님은 정확한 만남으로 우리를 인도해 주셨습니다. 만남을 다 얘기하기에는 너무 많습니다. 손님을 집으로 초대해서 음식 대접하기를 즐겨하는 사람들이었습니다. 우리도 기쁘게 초대 받아 함께 이야기를 나누며 즐거운 시간을 보냈습니다. 복음은 주님이 전하라고 하실 때만 전하였고, 가는 곳곳마다 좋은 만남을 주셔서 모두 친구가 되었습니다. 우리가 어느 마을에 접어들었을 때 동네 사람들이 보이지 않아 팀원이 버스를 타고 다른 곳으로 가자고 하는 말에 저는 먼 산등성이를 쳐다보다가 푸릇푸릇한 산 하나를 가리켰습니다. 그 산 밑에는 선한 사람들이 살고 있을 것이 생각이 들었습니다. 집집마다 과일나무를 보며 산 밑까지 왔을 때 어느 아주머니가 물이 뚝뚝 떨어지는 과일 바구니를 보이며 자두를 우리 두 손에 주시는 것이었습니다. 주님께서 인도해 주신 집이었습니다. 그분은 우리를 집으로 초대해 주셨고, 그 가정에는 할머니, 할아버지, 딸, 며느리, 손녀가 사는 대가족이 있었는데 우리를 반갑게 맞이했습니다. 놀라운 것은 가족 모두 예수님을 영접했다는 사실입니다. 안타까운 것은 손주 아기가 3살 정도 되어 보였는데 손가락이 육손이고 얼굴도, 눈도 조금씩 기형이었습니다. 부모는 인상이 좋고 아름다웠습니다. 그들은 아기로 인해서인지 마음이 가난해 있었습니다. 그래서 주님이 우리를 그 가정으로 인도하신 것 같았습니다. 나중에 선교사님이 찾아가 성경

공부를 한다는 소식이 들었습니다.

또 하루가 지나 다른 마을로 갔습니다. 조지아 밑쪽으로 산맥을 넘어서 있는 곳입니다. 그곳에서는 하나님의 영광을 보았습니다. 칼스성이 있는 곳인데 우리가 도착하자마자 5분 간 단비가 내렸습니다. 흔한 일이 아니라고 합니다. 우리가 성 위로 올라갔을 때 갑자기 바람이 휘몰아쳐서 흙먼지로 눈을 뜰 수 없게 하더니 잠시 후 시원한 바람으로 바뀌었습니다. 우리는 성 높은 곳에 가서 주님께 예배를 올려 드렸습니다. 우리 머리 위로 구름 속에서 빛이 뿜어져 나와 칼스성 전체를 비추었습니다. 하나님의 임재하심을 느꼈습니다.

그곳은 오스만 제국이 점령하면서 세워진 교회들은 다 무너졌고, 나중에 들은 이야기인데 교회 예배자로는 우리가 처음으로 그곳을 찾아가 예배를 드렸다고 합니다.

단기선교는 정말 은혜가 넘쳤습니다. 다음 날, 우리는 노아의 방주가 머물렀다는 아라랏산 '아르'라는 마을에 들어갔습니다. 그곳 사람들은 노아의 방주에 대해 알고 있었습니다. 그러나 대수롭게 생각하지 않았습니다. 우리는 한 가정에 들어가 예수님을 전하자 20대 두 자매는 처음 들어보는 것이라며 계속 듣기를 원했습니다.

나는 심었고 아볼로는 물을 주었으되 오직 하나님께서 자라나게 하셨나니_ 고린도전서 3:6

계속해서 아브라함 고향인 우르, 바벨론 등 성경에 기록된 땅을 밟으며 은혜가 넘쳤습니다. 이번 단기선교는 주님께서 부르시고, 보내시고, 이끄시는 대로 다녀온 행복한 여행이었습니다.

그곳의 택하심을 입은 모든 영혼이 주님께로 회심하고 돌아오기를 소망하며 예수님의 이름으로 기도를 드렸습니다.

# 이스라엘과 팔레스타인으로 보내심

2023년 7월, 이스라엘과 팔레스타인으로 선교를 가게 되었습니다. 사실 저는 2024년에 이스라엘에서 특별한 행사가 열린다고하여 그때 가고 싶었었습니다.

유튜브 알고리즘이 보여주는 동영상을 보게 되었습니다. 이 동영상은 전 세계인이 이스라엘의 회복을 기도하기 위해 오백만 명의 금식기도자를 모집하는 동영상이었습니다.

메시아닉 쥬 사람이 인도를 하는 이 집회 안내 동영상을 보면서 나도 그곳에 속하고 싶다는 생각이 들었습니다. 순간 전화벨이 울렸습니다. 작년에 다녀왔던 쿠르드 전체 팀장이었습니다.

이번에는 은사팀으로만 선교팀을 구성 하는데 제가 생각났다는 것이었습니다. 저는 바로 말을 못하고 기도해 보겠다고 하니 팀장님도 힘있게 기도 하신다고 하시면서 전화를 끊었습니다. 기도를 해보겠다고 말을 했으니, "에고"하며 바로 기도하였습니다.

'주님, 제가 쿠르드로 나가기를 인도하시는 것인지요?' 주님께 여쭈어보았습니다. 그런데 전화 오기 전 이스라엘 동영상을 봐서 그런지 가게되면 쿠르드가 아닌 이스라엘을 가야한다는 생각이 들었습니다. 그래서 저는 열방 전체 팀장에게 이스라엘 자리가 남았는지 물어보았습니다. 이 지역 선교팀은 항상 자리가 없었습니다. 가고 싶어 사람이 많기 때문입니다.

팀장님은 지금 두 자리가 남아 있다는 것이었습니다. 이번에는 은사자만 받는다는 것이었습니다. 그리고 헤어팀만 받는다는 것이었습니다. 전 깜짝 놀라며 '아~ 네, 알겠습니다'하고 전화를 끊었습니다.

저는 저번에 다녀온 헤어팀 원장님에게 전화를 해서 그분이 가면 나도 따라가고, 안 가면 안 가야지 하며 그분 전화번호를 찾는 중에 그 원장님에게서 전화가 왔습니다. '앗 깜짝이야' 이건 또 뭐지? 인도하심인가, 통화를 하면서 전화번호를 찾기까지의 얘기를 원장님께 말했습니다. 그 원장님이 전화를 하신 이유는 아는 집사님이 이스라엘을 너무나 가고 싶어 하는데, 이번에는 은사자들만 모집한다고 해서 내가 떠올라 끼어서 갈 수 있을까 물어보려고 전화했다는 것이었습니다. 이 원장님하고는 1년에 한두 번 통화 할까 말까, 인사만 할 뿐 전화는 거의 안 했었습니다. 이 또한 베드로와 고넬료의 만남처럼 기도 중에 연결되어진 인도하심인 것을 믿고 가기로 결정을 하였습니다.

　일주일 저는 마음이 오락가락했습니다. '저는 2024년에 가고 싶은데요' '하나님 저는 돈이 없는데요' 이번에는 안 가고 싶었기때문입니다.

　다음날 아침, 엄마와 저는 볼일이 있어서 출근길에 함께 차를 타고 신호등 앞에 서 있었습니다.  그런데 눈 먼차가 제 차를 박았던 것입니다. 우리는 깜짝 놀라 가슴이 울렁거리며 어떻게 해야 할지 몰라 보험회사에 전화를 해보았습니다. 일처리를 어떻게 하라고 가르쳐 주었습니다. 저는 삼일 입원하였고, 보험금을 정리하였는데 딱 10만 원 모자라는 이스라엘 선교 전체 경비가 나왔습니다. 가야 하는 것이구나. 가겠습니다. 하나님의 확실한 응답이라고 믿고 이스라엘로 떠나기로 했습니다.

　10만 원 부족한 것도 다녀와서 각자에게 남은 돈이라며 17만 원을 돌려 주었습니다. 하나님의 뜻 안에서 확실히 응답하시는 하나님을 이렇게 또 경험했습니다.

　여호와께서 이같이 너희에게 말씀하시기를 너희는 이 큰 무리로 말미암아 두려워하거나 놀라지 말라 이 전쟁은 너희에게 속한 것이 아니요 하나님께 속한 것이니라_ 역대하 20:15

우리는 서안지구 안에서 크리스천이라는 걸 알리고 페스티벌을 열었습니다. 많은 사람이 몰려 왔습니다. 은사로 쓰임 받으며 그들의 머리를 만져주는 것이 행복했습니다. 그곳 땅을 밟으며 찬양을 하며 예배를 드렸습니다.

하루는 사마리아 가족의 초대를 받았습니다. 집안 벽에 우물가에서 물 긷는 여인 그림이 있어 우리는 성경 이야기로 말문을 열었습니다. 50대 초반의 여인에게 성경책에서 사마리아 우물가의 여인에 대한 이야기가 나오는 부분을 보이며, 사마리아 여인이 예수님을 만나 변화되는 대목을 읽게 했습니다. 친구와 함께 읽으면서 놀라움을 금치 못했습니다. 한 장을 다 읽고 내가 그 다음이 궁금하면 이 성경책을 너희에게 선물로 줄겠다고 하니 그녀는 너무나 기뻐했습니다. 우리는 그곳에 하나님의 은혜가 부어지길 기도했습니다.

그들은 무슬림이었지만, 주님의 사랑으로 섬기는 크리스천의 모습도 보여 주면서 마음을 나누며 즐거운 시간을 보냈습니다. 우리는 일정에 따라 이스라엘 북쪽으로 건너와서 먼저 찬양과 예배로 이곳을 올려 드렸습니다. 그리고 3~4명이 짝지어 집집마다 우체통에 복음의 말씀 전단지를 넣는 사역을 하였습니다.

미국인계 유대인 어떤 분은 이스라엘 사람들이 예수님을 몰라 이렇게 사는 것이라며 전단지를 차 안에 싣고 다니며 전도하고 있었습니다. 우리는 전도지를 준비된 배낭에 가득가득 넣어 그분을 만나 함께 전 지역에 복음의 씨앗이 뿌려지는 기쁨을 보았습니다. 한 동네를 다 돌리고 다시 다른 동네로 출발하기까지 바쁘게 다녀야만 했습니다. 발바닥에 물집이 세 개나 잡혀 아팠지만 예수님의 기쁨 소식이 영혼들에게 뿌려질 것을 생각하니 즐거웠습니다.

모든 선교의 일정을 마치고 우리는 엘리야의 갈멜산과 갈릴리 호수, 예루살렘 몇 군데를 여행하며 많은 은혜를 받았습니다. 이스라엘 사역은 신비스럽고 기쁨이 넘치는 일정이었습니다.


오직 성령이 너희에게 임하시면 너희가 권능을 받고 예루살렘과 온 유대와 사마리아와 땅 끝까지 이르러 내 증인이 되리라 하시니라_ 사도행전1:8


한국에 도착하고 두 달 정도 지나서 가자지구 하마스가 이스라엘에 넘어가 전쟁을 일으킨 것입니다. 2024년 일정이 불투명해 진 것입니다.


전쟁이 그치고 예루살렘에 평화를 주시옵소서.

이 전쟁으로 인하여 사람들의 마음이 가난해지고 예수님을 찾는 길이 되게 하옵소서.

수많은 무리가 주님께로 돌아오게 하소서.

주님께 감사와 찬송과 영광을 올려드립니다.

마라나타 주님 오심을 기다립니다. 할렐루야

그 주인이 이르되 잘 하였도다 착하고 충성된 종아 네가 작은 일에 충성 하였으매 내가 많은 것을 네게 맡기리니 네 주인의 즐거움에 참여할지어다_ 마태복음 25:23

임금이 대답하여 이르시되 내가 진실로 너희에게 이르노니 너희가 여기 내 형제 중에 지극히 작은 자 하나에게 한 것이 곧 내게 한 것이니라 하시고_ 마태복음 25:40

이것들을 증언하신 이가 이르시되 내가 진실로 속히 오리라 하시거늘 아멘 주 예수여 오시옵소서_ 요한계시록 22:20

## 시온의 자리에 다시 서리라

너는 오벧에돔과 같이 너에게 임재가 가득하다.
하나님의 임재를 그토록 원했던 너의 기도를 내가 안다.
너의 눈물의 기도는 응답되어 때가 되면 너는 오를 것이다.
육신의 문제가 너를 날마다 결박하지만,
곧 새바람이 불어서 독수리처럼 올라가 새 힘을 얻게 될 것이다.
너는 새 힘을 얻고 내가 너를 반석 위에 세울 것이다.
네 안에 있는 모든 저주는 끝이 났고
이제 너는 새 노래를 부를 것이다.

딸아, 오늘 내가 너를 끌어올리고 눈물골짜기에 힘을 준다.
이제 너는 승리를 선포할 것이다.
이제 전쟁은 끝났다.
너의 혼란은 이미 끝이 났다.

새바람이 분다.

동굴 생활이 끝났으니 나를 바라보아라.

너는 시온의 자리에 다시 견고히 서고 이제는 더 이상의 곤고함이 사라지리라.

믿음의 상속자
## 엄마와 딸의 이야기

**초판 1쇄 발행** | 2024년 5월 15일

**지은이** | 이금순, 은주엘
**펴낸 곳** | 도서출판 가이오
**등록일** | 2023년 1월 8일
**발행처** | 도서출판 가이오
**출판등록번호** | 제2024-000005호

**주소** | 주소 경기도 수원시 장안구 경수대로 1022
**문의** | 031-207-5550, visionqtkorea@naver.com

**가격** | 12,000원
**ISBN** | 979-11-986695-1-3